CB077810

LUZES, CÂMERA, MAGIA!
OS BASTIDORES DE

ANIMAIS FANTÁSTICOS
OS CRIMES DE GRINDELWALD

IAN NATHAN

HarperCollins Brasil

SUMÁRIO

PREFÁCIO

Já li roteiros incríveis que resultaram em filmes péssimos e também vi roteiros bastante duvidosos acabarem se tornando filmes maravilhosos. Tudo que o ator tem em seu favor é o próprio instinto, e me lembro que, lendo *Animais fantásticos e onde habitam*, cheguei ao fim do roteiro (quando Queenie e Jacob se afastam) profundamente tocado. Quando assisti ao filme pela primeira vez e vi Dan e Alison se despedindo naquela chuva que continha o veneno mágico removedor de memórias ruins, meu coração ficou em pedaços. É um dos raros momentos em que o roteiro e o filme finalizado colidem e passam a ser um só.

Então, tem sido realmente uma felicidade ter todos juntos mais uma vez, para voltar ao mundo mágico e falar de nossos personagens de novo.

O que considero único para nós nesses filmes é que muitos desses personagens não têm origem em livros. Eles são puramente frutos da imaginação de J. K. Rowling e isso nos traz certa carga de responsabilidade. É claro que Jo é uma das mentes mais imaginativas do mundo, e isso faz você querer dar o seu melhor para fazer justiça aos personagens e revelar todas as coisas que ela sonhou para eles. Mas o mais incrível na Jo é que, por mais que conheça seus personagens de forma tão complexa, ela vai te encorajar a mergulhar fundo na pele dessas pessoas que criou.

Desde David Yates, nosso líder, passando por Stuart Craig, o diretor de arte, ou Colleen Atwood, a figurinista; indo até os mínimos detalhes dos efeitos visuais e do design de criaturas, cada departamento está sendo incentivado a levar sua imaginação ao limite, e é a união de todas essas pessoas que torna tudo tão único.

Filmar *Os crimes de Grindelwald* é como voltar para a escola depois das férias.

As amizades que se formaram no primeiro filme cresceram e se fortaleceram ainda mais nas filmagens desses novos filmes. Eu adoro Katherine, Dan e Alison. Eles são pessoas tão brilhantes e singulares, e tem sido um verdadeiro prazer estar nessa jornada com eles à medida que nossos personagens mudam, crescem, e as coisas ficam muito mais sombrias.

Se o primeiro filme foi uma aventura, esse é um suspense. Os personagens que você conheceu, esse quarteto de heróis desajustados, voltam para o mundo de Harry Potter que nós tanto conhecemos e amamos. As histórias que foram apenas citadas no primeiro filme são realmente expostas e exploradas e, assim, os perigos aumentam. Uma nova ameaça surge enquanto Grindelwald ascende e mobiliza seguidores, e tudo isso traz novos tons para a história. Ainda temos as criaturas. Ainda vamos aproveitar os exasperados e maravilhosos pelúcios. Ainda temos Jacob e Newt em seu *bromance*. O brilho permanece, mas as coisas estão ficando mais tensas nesse novo capítulo.

Definitivamente, Newt está sendo levado para novos lugares.

Newt autografa exemplares de seu livro na Floreios e Borrões.

FUGINDO de NOVA YORK

MAGICAL CONGRESS OF THE UNITED STATES OF AMERICA

A FUGA DE GRINDELWALD

No telhado do MACUSA, uma carruagem de segurança máxima está pronta para levar Grindelwald de volta à Europa, para que ele possa ser julgado por seus crimes. Ela é tão sombria e pouco convidativa quanto um carro funerário, com um grupo de Testrálios gerados por computador na guia. Esses cavalos preto-acinzentados e esqueléticos, com asas de morcegos e focinhos de dragão assustadores, foram vistos pela primeira vez em *Harry Potter e a Ordem da Fênix*. Ninguém parece estar prestando atenção ao fato de que os Testrálios são conhecidos por atraírem má sorte.

De toda forma, considerando que Aparatação não é um meio de transporte seguro para longas distâncias — especialmente para se atravessar o Oceano Atlântico —, eles precisam usar uma carruagem voadora. Um grupo de Aurores do MACUSA está reunido, junto com Abernathy, Madame Picquery e o bruxo alemão Spielman, chefe de encarceramento da Confederação Internacional dos Bruxos que veio buscar seu prisioneiro.

Logo no início, encontramos Grindelwald, interpretado por Johnny Depp, preso a uma cadeira dentro de uma cela nas profundezas do MACUSA. Mesmo que na realidade ele não tenha ficado muito tempo preso, o homem coberto por poeira e mal se mexendo faz parecer que ficou sentado ali por séculos. Seu cabelo cresceu e ficou mais fraco. Uma barba desgrenhada cobre o queixo. Apenas o ar ao redor dele brilha, carregado de feitiços de proteção.

CASE NO.
935-470/Ŧ
M.A.C.U.S.A - F.B.C.V.N.O No. 935

VALIDATED BY
M.A.C.U.S.A - REGISTERED OFFICE No 289295

Arte conceitual da carruagem puxada por Testrálios saindo do MACUSA, por Eva Kuntz.

"Usamos alguns sets do primeiro filme, mas a cela de metal que mantém Grindelwald preso é totalmente nova", diz Paul Hayes, gerente de sets do filme. O que começou como uma ou duas celas, rapidamente se expandiu em uma sequência de quinze travas feitas em um estilo comprimido e abstrato, com uma escada e um elevador que surgem no telhado do MACUSA.

"Não tínhamos trabalhado com o telhado antes", observa o diretor de arte Stuart Craig, "mas Jo sempre achou que o nível mais alto do Woolworth Building tinha certo apelo por apresentar um estilo gótico, embora esse arranha-céu seja uma construção moderna."

O estilo gótico, aponta Craig, é sinônimo de Mundo Bruxo. E Hogwarts é o maior exemplo disso.

O novo set precisava retratar uma grande área aberta no topo do MACUSA, de modo que Craig voltou ao Woolworth Building e fotografou os elementos góticos do topo do prédio, coletando desenhos em escala do local, para que a reprodução feita nos estúdios da Warner Bros., em Leavesden, fosse fiel ao edifício verdadeiro.

"Mas precisamos mudar um pouco, é claro", ele sorri, "tivemos que liberar espaço suficiente para comportar uma carruagem guiada por Testrálios, o que é uma parafernália bastante extensa".

Diferentes versões da carruagem foram feitas na Polônia, por uma equipe de especialistas, no clássico estilo de coches do Século XVIII, o que traz um toque de antiguidade europeia ao design da carruagem. A principal, a versão "heroica" da carruagem, era para as tomadas do telhado. A segunda, diz Craig, foi moldada de forma que facilitasse o trabalho do setor de efeitos especiais e dos dublês.

Ainda no telhado do MACUSA, um elaborado brasão pode ser visto na porta da carruagem. Um trabalho que, resultado da habilidosa parceria de Miraphora Mina e Eduardo Lima no design gráfico, requer uma avaliação da história de fundo, contada nos detalhes.

"Estávamos tentando descobrir a quem essa carruagem pertenceria", diz Mina. "Quem está levando Grindelwald de volta para a Europa?", pergunta Lima.

"Descobrimos que Jo havia escrito sobre uma Confederação Internacional dos Bruxos", continua Mina. "Então fizemos um monograma para eles."

Do lado de dentro da carruagem, o departamento de

ENCHANTED DISPATCHES TO THE AMERICAN WIZARD

THE NEW YORK GHOST

EXCLUSIVE ★ EXCLUSIVE FEARLESS PORPENTINA GOLDSTEIN (RE)APPOINTED AS AUROR

GRINDELWALD EXTRADITION DATE CONFIRMED

THE MACUSA INDEX OF MAGICAL EXPOSURE THREAT

President Picquery to award Ms. Goldstein

SPECIAL REPORT IS THE WIZARDING COMMUNITY NOW AT PEACE?

OTHER NEWS

DO NOT FORGET TO OBLIVIATE!

INTERNATIONAL CONFEDERATION OF WIZARDS SUMMIT TO TAKE PLACE IN LONDON

CULTURE

SPORTS

SUNRISE EARLY EDITION

GENEALOGY

WEATHER

FOXTROT

GAMES

Acima: Manchete d'*O Fantasma de Nova York* informa que a data da extradição de Grindelwald está confirmada.
À esquerda: Gellert Grindelwald: prisioneiro do MACUSA.

adereços, chefiado por Pierre Bohanna, criou um conjunto de lâmpadas ornamentais, assim como uma elaborada série de fechaduras mecânicas.

"Pensamos nisso para criar, com o pessoal de efeitos visuais, a cena em que a carruagem é trancada", diz ele. "Descobri um processo de engenharia em que eles conseguem moldar algo a partir de aço maciço. Até mesmo de uma chapa de aço. Assim, as formas podem surgir do metal como se fossem esculturas. Stuart adorou".

O que começou como uma mera extensão da fechadura da porta acabou se tornando um painel inteiro do lado de fora da carruagem contendo uma verdadeira orquestra de fechaduras interconectadas.

Spielman está acompanhando Grindelwald junto a uma equipe de aurores que os escoltam em vassouras. Ele também traz consigo uma linda caixa que, supostamente, guarda a Varinha das Varinhas e um frasco contendo uma substância misteriosa. No entanto, nem tudo é o que parece. De repente, nos céus de Nova York e em seguida sobre o Atlântico, uma empolgante sequência aérea de fuga começa a se desenrolar.

Tudo começa quando descobrimos que dentro da caixa de varinhas há um Chupacabra: um animal sugador de sangue, que arranca um pedaço de Spielman em um ataque e o mago acaba sendo atirado para fora da carruagem.

"Toda a sequência é resultado de um trabalho de cooperação muito complexo entre os departamentos de produção, especialmente o de efeitos visuais e o de criação de arte", conta a decoradora de set, Anna Pinnock.

O departamento de dublês e acrobacias também pôde se sentir em casa, subindo pela carruagem, se pendurando nos eixos e nas suspensões abaixo dela, e zunindo pelas vassouras.

"A luta explode enquanto a carruagem dispara pelo ar", diz Craig. "Assim, os efeitos especiais tinham a grande missão de fazer a carruagem se mover e balançar de maneira crível. Dublês tiveram que descobrir como eles escalariam ou se pendurariam nela, tanto do lado de dentro quanto do lado de fora."

A coisa toda levou cinco meses de planejamento e produção de storyboards, além de várias semanas de filmagens com chroma key. "Estávamos experimentando diferentes ideias", diz Christian Manz, supervisor de efeitos visuais. "Como temos

Acima: Arte conceitual do último andar do MACUSA, por Eva Kuntz. *À esquerda:* Após um tempo preso, Grindelwald surge desgrenhado, mas ainda ameaçador.

uma carruagem voadora, esta foi uma ótima oportunidade para introduzir as vassouras de volta, porque isso era algo que não tínhamos feito tanto com adultos do mundo Potter."

Dito isto, a plataforma que eles projetaram para as sequências de vassouras é muito mais sofisticada e, esperamos, realista do que qualquer coisa usada nos filmes anteriores.

"Estamos gravando para valer", diz Manz, o que significa que havia dublês de verdade nas vassouras, e não imagens inseridas digitalmente. "Na verdade nós conseguimos até colocar os pilotos e suas vassouras lado a lado com a carruagem."

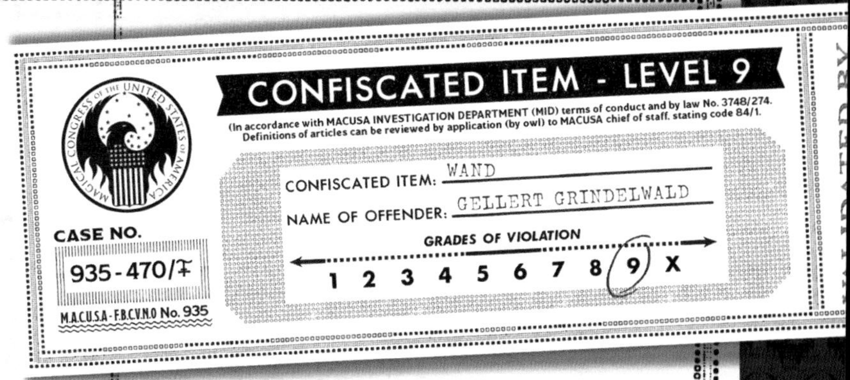

"Vimos o voo com as vassouras evoluir ao longo dos anos", conta Tolga Kenan, o ex-ginasta que atuou como o dublê de Daniel Radcliffe desde os dez anos. "É muito diferente agora. Tudo está mais ligado a fios. Nós temos essa espécie de garfos parecidos com diapasões, em que as pessoas sobem para filmar as cenas de voo".

O departamento de Bohanna tem sido o grande responsável pela atualização da tecnologia de vassouras (indo contra o que as produções fazem hoje em dia), e é justo que ele se sinta orgulhoso por, no lugar da conveniência dos efeitos gerados por computador, agora existirem atores reais pilotando vassouras construídas com estribos maneiros e novíssimos.

"Desenvolvemos uma maneira nova e mais dinâmica de montar vassouras controladas", diz ele, referindo-se aos "garfos-diapasões" mencionados anteriormente. "Ficamos muito satisfeitos com o resultado. Não usamos efeitos especiais. A coisa toda é mecânica, física e filmada. Mas eles puderam ter muito mais mobilidade com isso. Basicamente, no lugar da vassoura, estamos fazendo a pessoa voar. A vassoura é mais leve e está presa nos arreios que os caras usam por baixo das roupas. O visual está muito bom!"

"Tudo se resume a seguir com a narrativa ", conclui Manz. "Você tem essa verdadeira caçada, uma sequência clássica de perseguição com Abernathy e Grindelwald, tanto dentro quanto fora da carruagem. A carruagem se enche de água e as pessoas quase se afogam dentro dela. Viajamos do topo do MACUSA e cortamos o céu de Nova York, passando o rio Hudson e cruzando o mar. E é divertido tentar criar algo novo e empolgante."

Finalmente, quando Grindelwald assume o controle da carruagem sequestrada, surgem os créditos de abertura. O filme está apenas começando...

Arte conceitual de Grindelwald numa cela do MACUSA, por Molly Sole.

UMA PARADA em LONDRES

BISHOPS
TERRACE S.E.11

RECRIANDO
UMA LONDRES DE ÉPOCA

UM NEVOEIRO NAS RUAS

Ao deixar o Ministério da Magia, voltando para casa na tarde de Londres, Newt sente uma luva de couro sem corpo lhe dar uma batidinha no ombro...

Quando precisamos criar as ruas de Londres de 1927 — assim como também teríamos que fazer com Paris — a chave foi criar uma atmosfera adequadamente instável. Afinal, esse é um filme de suspense.

O diretor de arte Stuart Craig e sua equipe pesquisaram muitos "filmes britânicos antigos", incluindo o rico acervo das *Ealing comedies*. "Londres sempre foi retratada como nebulosa", diz ele, com uma risada astuta, "e, de certa forma, isso acabou virando piada, esse clichê de Londres ter sempre essa atmosfera turva."

Uma das principais delícias de trabalhar no Mundo Bruxo é a chance de dar uma interpretação mágica a esses clichês de filmes.

"Pareceu-me uma coisa boa reviver essa tradição", continua Craig, "então temos uma longa sequência com Newt caminhando por uma Londres antiga e nebulosa. O resultado ficou muito bonito, a maneira como as imagens no pano de fundo são filtradas, camada por camada, e você tem essa perspectiva aérea olhando para o horizonte enevoado."

O nevoeiro tem a vantagem adicional de dessaturar as cores para alcançar o que o designer chama de "um visual expressionista de filme *noir*". Para fora desse verniz enevoado, destacam-se os pontos famosos da cidade, como a Lambeth Bridge, a Estação Victoria e a Trafalgar Square.

"Assim que chegamos em Paris", acrescenta Craig, "há uma sequência nos esgotos que faz lembrar *O terceiro homem*."

Três paisagens de Londres, pela artista conceitual Eva Kuntz.

UM ENCONTRO SECRETO

Quando Newt dá à luva flutuante um aperto de mão, ele instantaneamente desaparata e chega ao topo da icônica cúpula da Catedral de São Paulo. Ali está Dumbledore, décadas mais jovem do que o diretor de cabelos grisalhos que conhecemos tão bem, usando a outra luva.

Compreensivelmente, a cúpula da catedral com quase cento e dez metros de altura foi considerada muito perigosa para filmar com artistas tão consagrados. No entanto, a fim de construir uma réplica exata nos estúdios, Craig e sua equipe tiveram acesso ao telhado para filmar e usar como pano de fundo. "Havia uma estátua em particular, de uma figura sentada lá no alto, que nós copiamos", ele lembra, assim como os parapeitos onde Newt e Dumbledore deveriam conversar e caminhar.

"É muito comum fazermos isso", diz Craig, "construímos um grande pedaço de cenário para ficar em primeiro plano e o colocamos em frente à tela verde. Em seguida, o pessoal de efeitos visuais adiciona o segundo plano perfeitamente."

Newt e Dumbledore vão terminar sua conversa lá embaixo, nas ruas, com o plano de fundo que filmamos no local, em uma manhã de domingo, bem cedo.

"Há uma rua muito boa atrás do Banco da Inglaterra", observa Craig. "É forte no aspecto arquitetônico, mas tem alguns semáforos".

Transformar a Londres de hoje em dia na mesma cidade de 1927 é um trabalho para a equipe de design gráfico. "É engraçado quão longe você precisa ir para fazer isso", diz Miraphora Mina. "Nossos assistentes, coitadinhos, precisavam descobrir exatamente a numeração dos ônibus que passavam ali. Nós precisávamos descobrir quais rotas realmente eram executadas em 1927. Caso contrário, você está numa enrascada. Se um ônibus vai ser identificado, é melhor não ser o que faz rota em um lugar muito distante dali.

Além disso, cada painel no ônibus exigia a publicidade apropriada, específica do tempo, incluindo nas escadas daquele antigo ônibus de dois andares.

Depois, havia o estilo correto para as placas de rua, o que significa descobrir exatamente por quais ruas os personagens deveriam passar. Mina diz: "Você está criando uma espécie de ficção sobre a ficção, porque a vista do outro lado da rua é da Catedral de São Paulo, então há apenas uma

Fumaça artificial lançada no enorme set recria as ruas nebulosas de Londres para Eddie Redmayne e Jude Law.

ou duas ruas que poderiam ser a correta. Mas isso não faz sentido com o cruzamento que vimos antes. Na verdade, tentamos manipular a realidade com as informações que se adequam melhor."

Finalmente, o departamento de efeitos visuais elimina qualquer vestígio do mundo moderno, incluindo as linhas brancas e amarelas na pista. "Eles parecem tão modernos", reclama Craig, "os amarelos particularmente não são nada adequados para aquele período".

Só então eles podem passar para a próxima rua.

O LAR DE UM BRUXO SOLTEIRO

Concluída a conversa com Dumbledore, Newt finalmente volta para casa do outro lado da Lambeth Bridge, com o contorno icônico do Parlamento em segundo plano.

"Na verdade é um caminho longo", reflete Craig, e pode ser complicado andar tudo isso na vida real. "Não nos preocupamos muito em fazer um mapa desse mundo que criamos, com um pouco da Catedral de São Paulo, um pouco do Banco da Inglaterra, um pouco da Lambeth Bridge. Nesse momento acabamos trapaceando um pouco, mas de uma forma que deixou a jornada por Londres mais interessante."

De acordo com Craig, o apartamento georgiano de Newt é "uma dessas casas com muito estuque em suas fachadas, tão típicas de Londres."

Considerando que estamos em 1927, eles adicionaram uma camada de fuligem ao exterior impecável do prédio. "Isso foi muito antes da Lei do Ar Puro nos anos sessenta, criada devido à poluição industrial que impregnava os edifícios de sujeita", explica Craig. "Foi um fenômeno bastante evidente em Londres, porque grande parte das construções na cidade foi feita com pedra branca. Tanto em Paris quanto em Londres, essa poluição industrial, toda essa mancha escura, é um elemento muito importante. Algo interessante de se notar."

Isso não só acrescenta ainda mais à atmosfera tenebrosa de filme *noir*, como também tem um sentido metafórico. Há uma escuridão emergindo no mundo, penetrando até mesmo em pedra.

Dentro de casa, a decoração é incrivelmente comum.

"Decidimos que Newt moraria de verdade em seu porão, então o andar de cima estava mobiliado da forma mais dispersa possível", explica a decoradora Anna Pinnock. Os poucos toques afetuosos foram fornecidos por Bunty, a assistente de Newt, cuidadora da casa e admiradora secreta. Infelizmente, esses detalhes são totalmente ignorados por um distraído Newt. Essa decoração simples é resultado de uma mente que vive do lado de fora.

O trabalho da equipe de arte era um pouco mais do que criar biscoitos de marcas mágicas e outros produtos diversos. "Havia alguns produtos, porque Newt acaba preparando o jantar para Jacob e Queenie aqui", lembra Eduardo Lima, "mas nada mais do que isso".

Houve uma discussão sobre como e se Newt dormia naquele ambiente tão pouco aconchegante. "Provavelmente não", conclui Eddie Redmayne. "Ele dorme lá embaixo, no porão."

Como você deve ter presumido, é no porão de Newt, que pode ser acessado atravessando uma despretensiosa porta no armário, que as coisas ficam muito mais interessantes.

Uma rara externa feita nas verdadeiras ruas de Londres, com a equipe filmando atrás do Banco da Inglaterra *(no topo)*, e de volta aos sets com Jude Law e Eddie Redmayne entre adereços em tamanho real de ônibus da época.

DAVID YATES – DIRETOR

Nas filmagens para o segundo filme dos cinco planejados na saga *Animais fantásticos*, David Yates faz uma pausa para refletir sobre o que mais o fascina no Mundo Bruxo. Afinal, esta é a sexta vez por trás das câmeras em meio aos cenários e indumentárias luxuosas da magia e da bruxaria, mas ele ainda se sente tão animado quanto da primeira vez, que, só para constar, foi em *Harry Potter e a Ordem da Fênix*.

"O que gosto no ofício de escrita de Jo é que mesmo que este seja um universo consistente e cheio de regras e ideias que ela estabeleceu muito cuidadosamente, todas as vezes em que recomeço a trabalhar nesse universo ele já está um pouco diferente do que era antes. O primeiro *Animais fantásticos* é uma história muito excêntrica e bonita sobre esses quatro páreas desajeitados — quase como se fossem crianças canalizadas em corpos adultos — que são arrastados para o meio de uma história muito mais sombria, perigosa e instigante. E tudo isso foi bastante diferente do que vimos em Harry Potter."

Em outras palavras, quando se está trabalhando com a imaginação de J. K. Rowling, que aparentemente não tem fim, as ideias nunca envelhecem. A menos que elas precisem ser envelhecidas. Como é neste caso: Nova York, Londres, Paris e Hogwarts no fim da década de 1920 e, especialmente, o fascinante retorno à famosa Escola de Magia e Bruxaria de Hogwarts uma década antes disso. Tudo isso conduzido com ares e ritmo de um filme de suspense e espionagem.

David Yates dirigindo os alunos de Hogwarts na sala de Defesa Contra as Artes das Trevas.

"Quando Jo me enviou o primeiro esboço do roteiro de *Animais fantásticos 2*, mais uma vez parecia muito diferente", conta Yates. "Tem muito mais camadas, é mais complexo. Há mais tramas em desenvolvimento e mais facetas dos personagens a serem reveladas."

Já começando a ação com a dramática fuga aérea de Grindelwald da prisão no MACUSA, o filme nos conduz além do Atlântico. À medida que os planos de Grindelwald tomam forma, Newt, Tina, Queenie e Jacob acabam todos em Paris, no encalço do Obscurial Credence, que precisa ser localizado com extrema urgência. Na cidade luz, eles encontram o Ministério da Magia Francês, o decadente Circo Arcanus e a casa de Nicolau Flamel, um lugar preso no tempo, onde um bruxo quase imortal pratica alquimia. Ao longo do caminho, passamos por Londres, e lá conhecemos o apartamento de Newt e, mais importante, seu porão extraordinário. Também voltamos a Hogwarts e nos deparamos um Dumbledore mais jovem. Além de tudo isso, outros novos personagens são apresentados, como o charmoso irmão mais velho de Newt, Theseus, sua amiga da época de escola Leta Lestrange e o misterioso Maledictus.

Yates sente que Rowling realmente encontrou seu caminho na criação para o cinema. "O que é totalmente diferente de escrever um livro," aponta ele. "Se ela estava aprendendo a andar no primeiro filme, agora já está correndo e ganhando velocidade."

Após dedicar cinco anos de sua vida aos quatro últimos filmes de Harry Potter, Yates estava convencido de que seu tempo no Mundo Bruxo havia passado. Afinal, Rowling não tinha prometido que não escreveria mais livros da saga? Especialista em dramas televisivos de alta qualidade (o lado humano que incutiu nos aclamados suspenses *Intrigas de Estado* e *Sex Traffic* foi o que fez o produtor David Heyman lhe oferecer Harry Potter), Yates vislumbrava novos horizontes. A vida pós-Hogwarts começou com o piloto do drama televisivo *Tyrant*, ambientado no Oriente Médio, e logo seguiu para uma épica releitura do herói selvagem de Edgar Rice Burroughs, em *A lenda de Tarzan*, com Alexander Skarsgård e Margot Robbie. Em seguida, ele vinha planejando uma cinebiografia de Al Capone.

Até que Heyman o telefonou com um segredo para revelar. J. K. Rowling havia escrito o roteiro original de uma história ambientada décadas antes de Harry Potter, mas inserida no mesmo universo. Era sobre um Magizoologista bastante incomum chamado Newt Scamander.

Yates não resistiu à tentação de saber um pouco mais. Ele deveria já ter aprendido. Aquilo era como um feitiço: não abra a caixa marcada com o nome "J. K. Rowling". David Yates foi capturado pela história na primeira página e se viu desesperado para

Eddie Redmayne pronto para uma cena em Londres.

No topo: o diretor coloca Alison Sudol e Poppy Corby-Tuech sob um guarda-chuva para o encontro de Queenie com Rosier em Paris e *(acima)* com *(da esquerda para a direita)* o operador de câmera Vince McGahon e o diretor de fotografia Philippe Rousselot.

dirigir aquele filme. Capone e qualquer outra oportunidade que pudessem surgir foram totalmente superadas pela aventura que ele via à frente.

Voltar para o segundo filme dessa nova saga tem diversas alegrias, segundo Yates. "Em primeiro lugar, teve a emoção de reencontrar velhos amigos. Eu me apeguei a esses personagens assim como os atores. Você constrói um relacionamento carinhoso com as pessoas e no instante em que as vê retornando às filmagens, pensa: 'Newt está de volta'. Mas dessa vez ele se encontra em uma situação bastante diferente."

Depois, há a emoção de se familiarizar com novos personagens e com os atores que os interpretam: Callum Turner como Theseus, Zoë Kravitz como Leta Lestrange, William Nadylam, que faz o misterioso Yusuf Kama, Brontis Jodorowsky interpretando Nicolau Flamel, o alquimista de seiscentos anos, e Johnny Depp trazendo à tona todas as armadilhas sedutoras de Grindelwald.

"Realmente dá para sentir os calafrios de um filme de suspense", concorda o produtor David Heyman, que criou, de fato, uma bela parceria com Yates, "mas ao mesmo tempo, é muito engraçado. Há certa comédia humana na história, esse humor absurdo de algumas circunstâncias. O que eu amo na escrita de Jo é que é algo cheio de cores, como se também fosse um animal fantástico".

Como acontece com todas as histórias do Mundo Bruxo criado por Rowling, além de todos os segredos e reviravoltas da trama, o novo filme tem muitos temas. "É sobre verdades e meias verdades, e é sobre identidade", diz Heyman. "Trata da caça a Grindelwald, do paradeiro de Credence e da própria busca do rapaz por descobrir quem é de fato. É divertido e muito emocional. Um filme sobre ansiar e cobiçar amor, e tudo o que carregamos ao trilhar esse caminho. E também tem esse ar de filme dos anos 1930, no estilo *noir*, como o clássico *O terceiro homem*".

A ideia que Grindelwald espalha, de pureza no Mundo Bruxo, traça um paralelo com a ascensão do fascismo na primeira metade do século XX. E tanto o diretor quanto o produtor reconhecem que o filme trata da crueldade em nossos tempos junto com a do passado.

E antes que a gente se esqueça, ainda é um filme sobre animais. Animais fantásticos.

"Apresentamos um personagem maravilhoso chamado Maledictus", diz Yates. "Ela está se transformando lentamente em uma cobra e quer ser uma mulher enquanto ainda pode. Há uma história muito bonita de como a Maledictus tenta se agarrar à sua humanidade."

Há também um Zouwu, uma criatura chinesa que pode percorrer milhares de quilômetros em um único dia. "Estamos explorando como ele pode se deslocar através do tempo e do espaço", conta Yates com entusiasmo. "É bem grande. E temos alguns gatos incríveis chamados Matagots."

Esses guardiões felinos patrulham as diversas câmaras do Ministério da Magia Francês, atentos para a aparição de bruxos não convidados.

O porão do apartamento de Newt em Londres revela um verdadeiro zoológico de criaturas fantásticas que precisam dos cuidados do Magizoologista: um Cavalo-do-lago, Bezerros Apaixonados, Tronquilhos, Pelúcios e um Agoureiro. A devoção de Newt sinaliza outro dos grandes temas de *Animais fantásticos*: a preservação ambiental.

"Além da simbologia do mundo bestial e das bestas dentro de nós, acho que as pessoas com sensibilidade moderna vão enxergar a relação de Newt com essas criaturas como algo bastante normal", explica Rowling. "Mas o mundo não foi sempre assim e, na verdade, em algumas partes do mundo, ainda hoje, essa obviamente não é a visão que as pessoas têm. Então essa é a essência de Newt como personagem. Ele está realmente desafiando as leis mágicas da época para salvar algumas dessas criaturas".

De fato, o novo filme nos apresenta o nefasto Grimmson, um caçador de criaturas. David Yates pensa nele como "uma espécie de gêmeo mau de Newt: Newt quer que o mundo entenda esses seres extraordinários. Grimmson os rastreia e os mata."

Tanto para Yates quanto para Heyman, é impossível conceber a produção desses filmes sem a incrível e premiada equipe que eles reuniram por trás das câmeras. Pode ser um clichê, mas realmente parece uma grande família. Todos os chefes de departamento (o diretor de fotografia Philippe Rousselot, o diretor de arte Stuart Craig, a decoradora Anna Pinnock, a figurinista Colleen Atwood e os supervisores de efeitos visuais Tim Burke e Christian Manz, cujo setor traz à luz os animais fantásticos) trabalharam no primeiro filme. De fato, muitos deles trabalharam antes disso, nos filmes da saga Harry Potter. Craig dá forma e vida a este mundo há dezoito anos e é o grande responsável por definir a estética do Mundo Bruxo nos cinemas. Realmente há uma confiança e uma sintonia entre os diversos elementos da produção, e uma vontade persistente de superar tudo o que foi feito antes.

Os filmes continuam sendo um verdadeiro trabalho de cooperação, no qual Yates fica encarregado das tomadas de decisão no ponto de vista cinematográfico, e Rowling tem a palavra final quanto à criação desse universo.

Todos os membros de elenco acabam falando sobre o cuidado e a atenção que o diretor traz aos sets. Ele nunca tem episódios de fúria, marcas registradas de um diretor de cinema, mas ainda assim comanda esse enorme navio com convicção. Mesmo com as incontáveis demandas que tem, consequências do enorme desafio logístico de fazer um filme multimilionário carregado de efeitos especiais, Yates usa seu tempo para trabalhar nas atuações - e não permite que seus atores fiquem muito numa zona de conforto.

"Ele vai te ligar se precisar", conta Dan Fogler. "Ele vai te apontar o caminho da forma mais gentil e direta, para encontrar a atuação perfeita e exata que aquele momento pede. David consegue arrancar as performances mais incríveis de mim. Ele está sempre dizendo 'Eu amo isso. É fabuloso. Faça novamente!'"

"O que eu amo no trabalho de David com este filme", diz Eddie Redmayne, "é que ele também reagiu às mudanças feitas por Jo na estrutura da história, que acabaram nos levando a um eixo tão diferente de antes. As coisas são menos previsíveis agora e ele está conduzindo tudo muito bem. David é uma pessoa muito bondosa, mas faz questão de se certificar de que nós não estejamos confortáveis ou seguros em nossas atuações, porque esses personagens estão sendo colocados contra a parede. Há certa ebulição no que estamos fazendo agora."

"Mas ele sempre traz uma visão holística", diz Jude Law. "Toda a questão da técnica a ser inserida no filme e, além disso, o que será adicionado digitalmente depois, sejam criaturas, cenários ou a magia a ser conjurada. E ele faz isso sem esforço."

Talvez possamos realmente chamar isso de mágica.

Yates descansa em uma locação ao lado do produtor David Heyman.

PARIS

NEWT SCAMANDER
vira um agente secreto

Newt Scamander virou o assunto do momento. Depois de publicar seu instrutivo guia, *Animais fantásticos e onde habitam*, com o selo da editora bruxa Obscurus Books, ele alcançou o sucesso e sua reputação foi alavancada. Embora isso tenha incutido mais confiança no bruxo recluso, ele não é um homem feliz, pois a publicação trouxe alguns efeitos colaterais indesejáveis.

"Entre o final do primeiro filme e o começo do segundo, Newt se viu, muito relutantemente, famoso", explica J.K. Rowling. "E ele realmente odeia isso. Este é um homem que é mais feliz sozinho na selva, lidando com alguma criatura temível da qual nenhum outro bruxo gostaria de chegar perto, e agora as pessoas querem seu autógrafo. Isso é horrível para ele. Newt achava que seu livro só iria proteger e salvar criaturas, e educar seus companheiros mágicos."

Como se não bastasse, sua vida pessoal está ainda mais bagunçada. Ele tem notícias de Tina há meses. O que ele precisa, mesmo que ainda não esteja ciente disso, é de uma nova aventura.

Felizmente, para trazer sentido às tribulações de Newt, a criação excêntrica de Rowling permanece nas mãos capazes do astro Eddie Redmayne. E o ator está encantado por ter a oportunidade de "romper os limites" deste herói tão pouco convencional.

Apesar do sucesso do primeiro filme, não havia tempo para descansar ou aproveitar essa glória mágica. Assim que começou a filmar a sequência, Eddie se viu ainda mais consciente da responsabilidade que carregava. Rowling estava agora escrevendo Newt Scamander tendo em mente o intérprete de trinta e seis anos dele.

"O que eu amo em Newt é que ele não é fácil", reflete o ator britânico. "Com o primeiro filme, David Yates me disse que queria explorar sua 'aspereza'. E Jo estendeu isso para o segundo filme. Ele ainda é fiel a si mesmo: não está tentando agradar ninguém. Ser 'áspero' significa ter certeza de que você alcançou não só os limites difíceis, mas também os mais simples."

Redmayne chegou ao primeiro filme recém-vencedor de um Oscar por interpretar Stephen Hawking em *A teoria de tudo*. Ele retorna para o segundo tendo dado voz ao valente porém estúpido Dug, na comédia stop-motion *O homem das cavernas*. Ninguém jamais poderia acusar esse ator nascido em Londres, que estudou em Eton e Cambridge, de falta de versatilidade.

No entanto, com todas as atividades promocionais que precisou fazer nos últimos dois anos, ele nunca deixou de ser o Newt. "Ele meio que se senta em sua mente, queimando um pouquinho por dentro", ele diz. "Uma chama de Newt está lá." Assim será por mais três filmes.

Depois de ser um peixe muito estranho fora d'água, o novo filme nos mostrará Newt em seu habitat natural. Ele criou uma vida para si mesmo em Londres e ainda é fiel à sua paixão por criaturas fantásticas. Continua sendo um lobo solitário.

"Newt é verdadeiramente feliz nesse mundo que é um pouco estranho para outras pessoas, mas também é todo dele" diz Rowling. "Ele se sente completo assim. Está fazendo suas próprias escolhas morais em uma área na qual se sente muito confortável. No entanto, durante este filme ele é forçado a aceitar que não há como se esconder

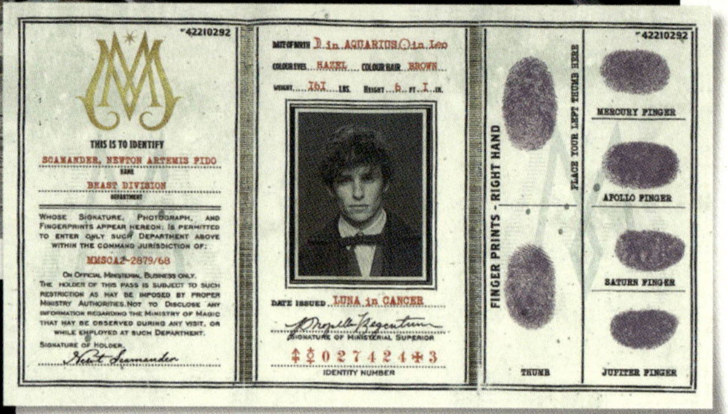

No topo: Newt e Tina nas ruas de Paris. *Acima*: Eddie pratica suas técnicas com a varinha entre uma tomada e outra. *Acima, à direita*: licença de Newt do Ministério da Magia; *(na página)* outro cartaz de Procurado para Newt, dessa vez em francês!

da luta maior que está sendo travada no Mundo Bruxo. A guerra atinge muitas pessoas com quem Newt se importa.

Com a ascensão de Grindelwald, diz Redmayne, o mundo agora é um lugar muito mais conflituoso. "Newt foi puxado em diferentes direções. Ele está percebendo que, embora tenha sempre seguido sua própria rota ao longo da vida, há momentos em que você precisa escolher um caminho."

Um desses caminhos será oferecido por seu irmão mais velho, Theseus, um personagem bastante diferente de Newt. Mais convencionalmente bem-sucedido, e naturalmente charmoso, Theseus é um herói de guerra que subiu para os altos escalões do Ministério da Magia. Ele está agora na linha de frente da luta contra Grindelwald, e o Ministério exigirá que Newt os ajude a rastrear Credence, e seu Obscurus, antes que o bruxo das trevas possa chegar até ele.

"Newt é um homem de si mesmo e Theseus é a voz do sistema", diz Turner, resumindo essa relação complicada e muitas vezes pouco amigável entre os irmãos.

Quando encontramos Newt em meio ao esplendor burocrático do Ministério em Londres, ele está acompanhado da bela Leta Lestrange. Leta pode estar prestes a se casar com Theseus, mas ela e Newt têm uma história só dos dois.

Uma das sequências favoritas de Redmayne no novo filme é um flashback para os tempos de escola de Newt em Hogwarts, no qual temos um vislumbre de como ele conheceu Leta. "Você percebe que esses dois, Leta e Newt, estão conectados por serem deslocados. Francamente, ambos foram, de alguma forma, maltratados."

Hogwarts também é onde Newt descobriu sua vocação para a Magizoologia. Nós o assistimos em um pequeno armário que virou zoológico onde ele está tentando curar um filhote de corvo ferido — corvos são o emblema da família Lestrange. "É quase como se ele fosse um imã para pessoas danificadas ou animais machucados", diz Redmayne. "E é nisso que ele é bom, em ajudar."

Mais significativamente, a famosa Escola de Magia e Bruxaria é onde Newt encontrou pela primeira vez o lendário Alvo Dumbledore. O vínculo entre Newt e seu ex-professor de Defesa Contra as Artes das Trevas é outro relacionamento complicado para o novo filme explorar. Interpretado por Jude Law, este é um Dumbledore muito mais jovem e mais elegante do que o venerado diretor que aparece na saga Harry Potter. Em contraste com o vínculo de Harry com Dumbledore, não há uma diferença de idade tão grande entre ele e Newt.

"O que eu amava em Dumbledore era aquele brilho nos olhos", diz Redmayne. "Ele tem uma sabedoria extraordinária, mas também um humor irônico. Eu estava tão animado quando o Jude foi escalado, porque ele é um ator tão brincalhão. Você realmente se diverte quando trabalha com ele."

Do ponto de vista de Redmayne, Dumbledore pode ver muito de si mesmo no espírito impetuoso de Newt e na sua estranheza. "Newt não é amado por todas as pessoas, e tenho certeza de que Dumbledore não era exatamente uma unanimidade em Hogwarts." Os dois são o tipo de pessoa que se recusa a acatar ordens.

Desde que Newt deixou Hogwarts (em circunstâncias complicadas) eles permaneceram em contato, mas Newt está bem ciente de que Dumbledore o está manipulando quando ele lhe oferece outro caminho. Ao chegar em seu apartamento em Londres, Newt aparata no telhado da Catedral de São Paulo para um encontro clandestino, enquanto Dumbledore o convence a ir secretamente a Paris para salvar Credence.

"Newt é muito astuto para ser explorado", insiste Redmayne. "Os dois estão em pé de igualdade, então Dumbledore só pode conseguir o que precisa apelando para a amizade deles."

"Newt é um dos poucos a cobrar Dumbledore pelo que ele faz com as outras pessoas", acrescenta Rowling. "Isso é o que é tão interessante, para mim, sobre o relacionamento deles, porque eu quero que alguém pressione Dumbledore sobre seus segredos e sua manipulação, e eu quero ouvir suas respostas."

Com um pouquinho de espionagem ganhando espaço no Mundo Bruxo, Newt assume o posto de um agente secreto mágico, mas em vez de armas e equipamentos ele utiliza uma maleta cheia de criaturas. Essa missão secreta em Paris também lhe oferecerá a chance de reavivar sua amizade com Jacob, que inesperadamente apareceu em Londres com Queenie.

Jogando uma última pedra no lago parado da vida de Newt, ele descobre que Tina também está em Paris, em busca de Credence, mas não quer nem saber do Magizoologista.

Entre um filme e outro, a vida romântica de Newt despencou ladeira a baixo.

"Newt tem muito pouco traquejo social, muito menos com pessoas que ele considera atraentes. Ele conseguiu articular-se o suficiente quando estava naquelas docas em Nova York, para deixar claro para Tina que gostava bastante dela, e ela claramente correspondia ao que ele sentia. Havia um mundo em que ele achou que poderia ser feliz para sempre", observa Redmayne.

Qualquer que fosse esse mundo de sonho, não era o Mundo Bruxo, onde feliz para sempre é uma coisa muito clichê. Para começar, Newt está proibido de viajar.

"Os documentos de viagem dele foram levados pelo Ministério sob circunstâncias levemente suspeitas", explica Redmayne. "Tudo que Newt quer é voltar para Nova York, encontrar Tina, dar-lhe uma cópia de seu livro e vê-la novamente."

Abaixo: Newt surge na casa de Nicolau Flamel.

Newt é conduzido pelo já conhecido corredor de mármore verde do Ministério da Magia, por uma nova personagem: Leta Lestrange (Zoë Kravitz). *Na página*: Pronto para a ação.

Os dois até estavam se comunicando por carta, mas Tina parou de responder. Newt acha que talvez seja por causa de alguns comentários que fez sobre os Aurores. Tina, afinal, é uma auror. A verdade é que o silêncio dela é por conta de um mal-entendido clássico. Tina viu um exemplar da revista mágica *Enfeitiçado* retratando o lançamento do livro de Newt, no qual ele apareceu ao lado de Leta, Theseus e uma Bunty radiante. Mas a legenda afirma erroneamente que é Newt quem vai se casar com Leta, em vez de seu irmão.

"Então, infelizmente", diz Redmayne, "começamos em um ponto de completa falta de comunicação entre duas pessoas que já não podem se comunicar".

Como ator, ele adora que grande parte dessa enorme aventura é a história de duas pessoas que continuam se perdendo com "palavras, linguagem e emoção", mas que de alguma forma acabam se encontrando.

"Mesmo que comecem o filme discordando um do outro, eles naturalmente acabam se apoiando. Isso é o que é brilhante sobre Jo. Sim, esses personagens são imaginativos, sim, eles têm magia, mas são pé-no-chão."

Se há algo em que Newt pode confiar na vida, é em seus animais fantásticos, mesmo que eles sejam totalmente imprevisíveis. E sua missão em Paris envolverá muitas novas espécies, assim como velhos amigos.

"O Pelúcio está de volta!", exclama Redmayne, "e teve bebês. Não há apenas um ladrão de cena; agora há uma família inteira deles. E há novas criaturas, incluindo o Cavalo-do-lago, que é um cavalo subaquático. Você começa a ver Newt debaixo d'água! Sabe, estou curioso para ver como vai ser isso."

COLLEEN ATWOOD FALA SOBRE NEWT

"Nosso herói está com um novo visual: mais urbanizado, mais adulto e confortável com quem ele é." Redmayne e Atwood chegaram a falar sobre a possibilidade de abandonar a gravata borboleta, mas era algo que faz muito parte de Newt.

No primeiro filme, Atwood imaginou que Newt havia vivido na natureza selvagem, e suas roupas representavam uma tentativa de se misturar novamente com a civilização. "O truque era fazer as roupas de Newt um pouco desiguais, mal ajustadas, para dar uma sensação de estranheza. Aquele sujo casaco azul-pavão era o que o definia."

Agora, ele é um sucesso no mercado de livros e sua aparência é um pouco mais comportada. "O tecido de seu terno é muito mais refinado", diz Atwood. "Ele se veste melhor. Newt ainda está deslocado, mas também está um pouco mais com a cara daquela época e daquele lugar."

Como Newt é meio que um agente secreto, seu sobretudo tem um tom sutil de cinza-urze ao invés de azul-pavão. E inspirada nas jaquetas de mágicos, Atwood colocou bolsos secretos no sobretudo, nos quais ele poderia guardar um Tronquilho, ou frascos bastante úteis de poção curativa.

GUNNAR GRIMMSON

Tão assustador e brutal como seu nome sugere, Gunnar Grimmson é o oposto de tudo o que nosso herói Magizoologista representa. Ele caça criaturas, em vez de resgatá-las, e sente um prazer cruel em sua tarefa. Em suma, ele é o anti-Newt — seu nêmesis. E agora está rastreando os movimentos de Newt pelas ruas e avenidas de Paris.

"Ele foi contratado pelo Ministério da Magia de Londres para caçar Credence", conta o ator Ingvar Eggert Sigurðsson, que naturalmente sente que seu personagem é incompreendido. "Para mim ele é um cara legal, mas não para o público, e definitivamente não para Newt. Ele o odeia. Eles têm algum tipo de passado. Grimmson é muito habilidoso em caçar criaturas perigosas."

O astro islandês de cinquenta e quatro anos — que já atuou em filmes de língua inglesa como o *Evereste* e a *Liga da Justiça* — também gostaria de salientar que seus filhos obcecados por Harry Potter ficaram encantados com o fato de seu pai ter sido escalado para esse mundo. Mesmo que ele esteja interpretando um dos personagens mais desprezíveis da autora.

Pela lógica distorcida de Grimmson, os animais fantásticos representam um grande risco para o mundo, especialmente um Obscurus. "Então ele é o homem certo para o trabalho", afirma Sigurðsson.

Sensato o suficiente para não andar pelas ruas de Paris como um grande caçador, ele se mistura com a multidão, mais parecido com um espião ou mercenário, com um casaco longo e botas, dando a ele o que Colleen Atwood chama de "um sinistro estilo noir".

Ele também usa magia para passar despercebido. Vale a pena ficar de olho nas paredes próximas — elas podem ter ouvidos, olhos e intenções desagradáveis.

Topo: O caçador de criaturas Gunnar Grimmson (Ingvar Eggert Sigurðsson). *Acima*: Newt na sala de audiência do Ministério da Magia com *(da esquerda para a direita)* o chefe de Encarceramento da CIB, Rudolph Spielman (Wolf Roth), seu irmão, Theseus Scamander (Callum Turner), chefe da Seção de Aurores, o chefe do Departamento de Execução das Leis da Magia, Torquil Travers (Derek Riddell), e o emissário americano da CIB, Arnold Guzman (Cornell John).

COLLEEN ATWOOD FALA SOBRE THESEUS

O irmão mais velho de Newt tem mais características de alguém tentando fazer tudo da maneira certa. "Assim, a forma de suas roupas é bem parecida com a de seu irmão", diz Atwood, "mas a maneira como elas se encaixam tem um sentido mais clássico do período, enquanto o de Newt está um pouco desalinhado".

PARIS
DAILY THE PROPHET
BREAKING NEWS • BREAKING NEWS
MINISTRY OF MAGIC DEPLOYS AURORS EUROPE-WIDE
GRINDELWALD ESCAPE
NO CONCLUSIONS YET
PLEDGE THE I.C.W.
EDITORIAL
WIZARDING COMMUNITY DEMANDS GRINDELWALD ARREST
PUNITIVE NEW TRAVEL LEGISLATION:
PORTKEYS INVALID WITHOUT PRIOR CONSENT
ALBUS DUMBLEDORE UNDER INVESTIGATION
GRINDELWALD IS RECRUITING
BARKING MAD!
THREE-HEADED DOG LOST IN LONDON FOG
MYSTERIOUS GINGER WITCH IDENTIFIED IN GREEK STREET
IMPORT OF ILLEGAL MAGICAL PLANT
KNOCKTURN ALLEY IN POTION LABELLING MIX UP
SPELLS
HOCUS-POCUS
GOOD NEWS
BAD NEWS
POLITICS
ARTS AND FARTS
5
PARFUM
Pour Dames
D. Barriac
PARIS
GLEN BLEISH
FIREWHISKY
GOLD LABEL
BLEND OF THE FINEST HIGHLAND WHISKY
MATURED IN HIS MAJESTY'S BONDED WAREHOUSES
DISTILLED AND BOTTLED IN SCOTLAND UNDER
MINISTRY OF MAGIC SUPERVISION
MRS SKOWER'S
MAGICAL
MESS REMOVER
Odette
FAVRE
PATISSERIE
DE
CHOIX
Mson Fondée
EN
1861
CIRQUE ARCANUS
DES CURIOSITÉS VIVANTES
DEC.26
PRESENTS
A CAVALCADE
VAUDEVILLE
WITH
15 ACTS
CONTINUOUS PERFORMANCES
30 P.M. TO 10.30 P.M.
STAY AS LONG AS YOU LIKE.
MIDNIGHT SHOW
NEW YEAR'S EVE-15¢
ADMISSION
10¢
ORCHESTRA
BROBECK THEATRE
PERCHTREE
EST. 1924
FIZZING TEA
BIZARRES SOUS-ETRES MAGIQUES!
AUJOURD'HUI!
MALEDICTUS
Venu des Profondeurs de la Jungle Indonésienne
ABARIMON
L'Hominidé Velu Aux Pieds Retournés
KAPPA
Le Demon de l'eau Japonaise
Stupéfiant!
Véritable!
LE PLUS GRAND DE
L'ÉVÉNEMENT DU
PRIX
ADULTES 5
ENFANTS
Ouvert tous les
MATINÉES MAGIQUES

MIRAPHORA MINA & EDUARDO LIMA — DESIGNERS GRÁFICOS

A artista gráfica britânica Miraphora Mina está no Mundo Bruxo desde o início, em *Harry Potter e a Pedra Filosofal*. Seu colega brasileiro, Eduardo Lima, embarcou na aventura em *Harry Potter e a Câmara Secreta*. Juntos, eles definiram o estilo tipográfico do Mundo Bruxo, fundando oficialmente o MinaLima Design em 2010 (que recebe uma menção honrosa fictícia em um pôster em *Harry Potter e As Relíquias da Morte - Parte 1*).

O design gráfico abrange essencialmente qualquer adereço ou decoração que envolve palavras impressas ou design. Por exemplo, o Mapa do Maroto, ou o *Profeta Diário*, ou cada caixa e etiqueta para os doces na Dedosdemel.

"O trabalho vem aos montes se houver uma loja no filme", diz Lima: "o lugar estará cheio de produtos, que precisam de rótulos e etiquetas de preços, marcas, pontos de venda, propagandas ao lado de prédios. Tudo é criado para os filmes."

"Nosso escopo de trabalho vai desde fazer minúsculos displays dos personagens", diz Mina, "até outros artefatos que preenchem o ambiente cênico inteiro".

"Os filmes estão se tornando cada vez maiores", diz Lima.

Cada um dos itens que eles criam tem sua própria história — seu próprio lugar neste mundo. Precisa se encaixar como a peça de um quebra-cabeça. "Você sabe quando vê a tipografia errada", diz Mina, "porque parece estranho."

Os artigos de papelaria do Ministério da Magia, por exemplo, tinham que ser diferentes do que eles criaram para o mesmo local nos filmes de Harry Potter porque precisavam refletir uma época anterior, mas ainda ser um sinal do que está por vir.

De placas de rua a rótulos de boticários e artigos de papelaria mágicos, ambos admitem que Paris em 1927, foi um presente. Há oportunidades para projetar "excessivamente", diz Mina. Os estilos da época, Art Nouveau com seus floreios curvilíneos e Art Deco, praticamente imploravam para ser usados no Mundo Bruxo. Com o estilo Art Nouveau sendo adotado como a aparência do Ministério da Magia Francês,

eles decidiram projetar assim a papelada e os objetos de cena da instituição. “Nós esticamos a ideia do Art Nouveau, é lúdico e meio poético em seus recursos visuais”, diz Mina.

Em qualquer projeto, a primeira coisa que fazem é encher seus próprios escritórios com materiais de referência, mergulhando naquela época. “O que foi interessante em Nova York, e agora em Paris, é que você também vê os estilos antigos”, observa Lima. “Tudo era um pouco confuso. A transição entre as épocas nunca é clara”.

Eles fizeram uma busca em Paris, procurando por detalhes para os quais ninguém mais atentaria: propagandas, ilustrações, designs de papel de parede e técnicas de impressão. Como as coisas era autenticamente manufaturadas em 1927, isso foi muito importante, uma vez que a intenção deles era replicá-las igualmente no filme.

A dedicação em cada detalhe é surpreendente. Nada é deixado ao acaso. Cada elemento tipográfico de cada *set* foi pensado e preparado tendo em mente a possibilidade de David Yates passar ali com a câmera.

Assim como no último filme, eles tiveram que ter em mente que o inglês americano não é o inglês britânico, e que francês *definitivamente* não é inglês. Além disso, eles deveriam escrever francês da forma como se escrevia em 1927. Por isso, contrataram um coordenador gráfico da França para monitorar qualquer tipografia em francês.

“É desafiador fazer coisas em outros idiomas”, admite Lima. “E ainda havia um pouco de chinês no meio disso tudo.”

O ponto é que tudo deve estar ancorado na realidade antes de ser transpassado para o Mundo Bruxo, onde os floreios mágicos devem ser sutis e inteligentes, e muitas vezes meticulosos, para alcançar a perfeição.

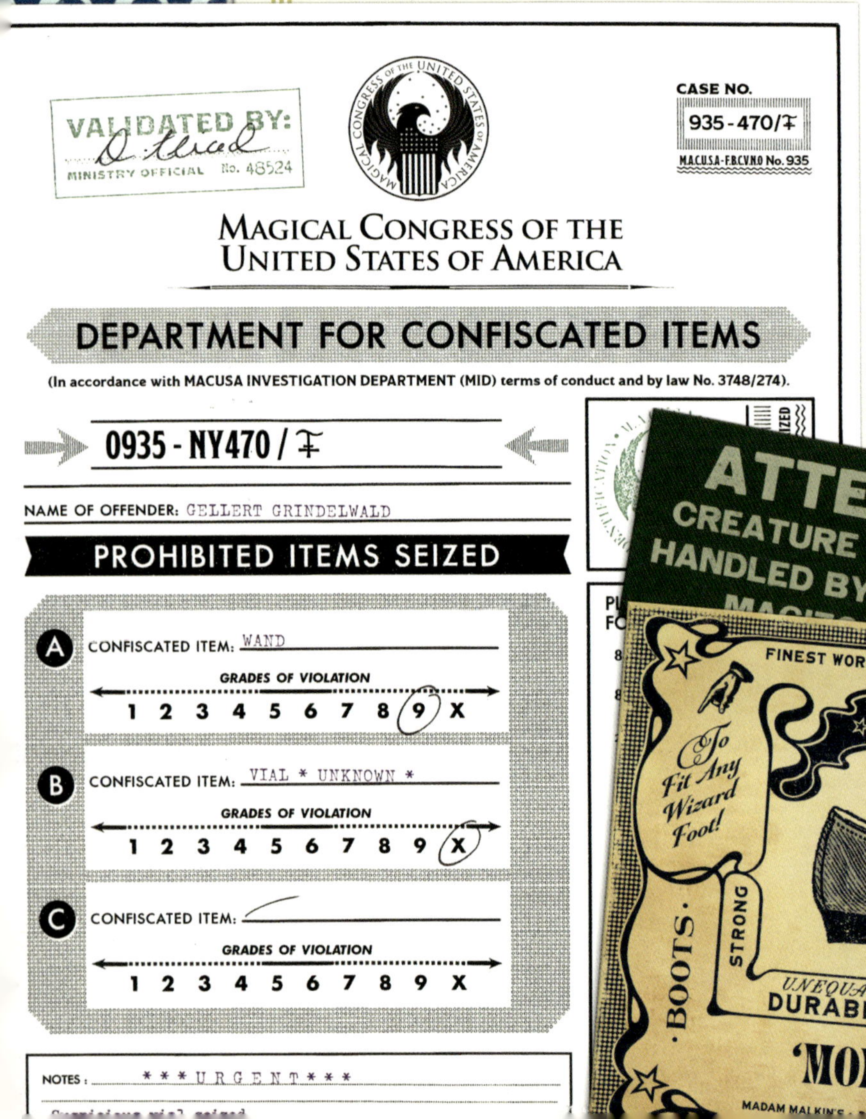

Como o *Profeta Diário* e o *O fantasma de Nova York*, antes dele, o jornal bruxo francês *O Grito da Gárgula* foi totalmente preenchido com histórias inventadas por Mina, Lima e sua equipe.

"Recebemos a manchete do roteiro", diz Mina, "então criamos um mundo em torno disso. Sempre tentando dar aos leitores a oportunidade de se colocar no lugar onde estamos e de se inserirem no que aconteceu. Algumas vezes, pesquisamos o que estava acontecendo no mundo real na época e aproveitamos acontecimentos na França e na Europa que fossem relevantes.

É mais uma maneira de traçar paralelos entre o mundo real e a trama de J. K. Rowling, como a ascensão do fascismo, que estava acontecendo na Europa. Sem livros para se ter como base para a produção de *Animais fantásticos*, o autor é um recurso indispensável, até mesmo preenchendo os jornais e outros adereços com informações que podem influenciar os próximos filmes.

Assim como a riqueza de adereços casuais, há aquelas histórias muito específicas ou adereços mais importantes para projetar. Por exemplo, antigos livros mágicos como *As profecias de Tycho Dodonus* e o livro mágico de Nicolau Flamel, e o importantíssimo certificado de adoção de Credence, que guiou o rapaz e, essencialmente, todo o filme, para Paris.

"No caso desses papéis de adoção, produzimos três ou quatro e os enviamos à equipe", ri Lima. "Eles responderam com uma mensagem dizendo 'Ah, precisamos de mais trinta'. Porque havia uma cena em que Credence fica furioso e amassa os papéis."

"Quando você precisa deixar os papéis com aparência envelhecida, isso leva tempo", diz Mina.

"Porque você lixa o papel até ter pequenos buracos como buracos de minhoca", diz Lima.

Só então eles ficam perfeitos.

UM SUCESSO EDITORIAL

Considerando que veríamos um exemplar finalizado do livro de Newt, *Animais fantásticos e onde habitam*, a equipe de design gráfico de Miraphora Mina e Eduardo Lima tinha a tarefa peculiar de conceber o livro dentro dos filmes sobre o livro.

"É diferente do que você vê no primeiro filme de Harry Potter", observa Lima, em referência ao exemplar de Harry, "esta é a original, a primeira edição".

"Em 1927, o livro acabou de ser publicado", diz Mina. "E, obviamente, tivemos que dar aquele toque mais atrevido do mundo dos bruxos. Teria sido um pouco mais conservador se tivesse sido publicado por uma editora trouxa nos anos vinte em Londres".

Eles se prenderam ao mesmo esquema de cores de preto e dourado, como vemos no primeiro filme de Harry Potter, a ideia é que seja um daqueles clássicos que entra no currículo escolar todos os anos. No entanto, esta primeira edição de pelúcia tem um design de capa totalmente diferente.

"Tem bastante informação", diz Lima, "com uma série de padrões decorativos e geométricos, no estilo Art Deco. Se você olhar de perto, porém, cada pedaço desse padrão é uma criatura".

Com cada adereço, os designers devem considerar: qual é a história por trás disso? Mesmo quando eles estavam fazendo os livros de poções em Harry Potter, eles estabeleceram uma série de diferentes edições que foram publicadas ao longo dos anos.

Publicado pela Obscurus Books, editora do Beco Diagonal, o lançamento do livro de Newt causou tanto rebuliço que até virou notícia na revista bruxa *Enfeitiçado*. Eles publicaram uma imagem em movimento do evento realizado na livraria Floreios e Borrões, também no Beco Diagonal.

A Floreios e Borrões é bastante familiar para os leitores de Harry Potter. “Na verdade, é algo que acontece nos livros, então deduzimos que o lançamento seria lá”, diz Mina.

“No início, nós lemos o roteiro e descobrimos sobre o quê todas as imagens em movimento serão”, continua ela. Qualquer coisa mais elaborada do que um retrato exige que eles façam um mock-up do que precisa ser filmado. “Então nós devolvemos isso aos diretores assistentes e dizemos algo como ‘Vamos precisar de uma foto em movimento de Tina fazendo isso, e algo para um cartaz de Procurado ou, na verdade, mais ou menos *trinta* coisas para os pôsteres de Procurado.’”

Para a foto em movimento de Newt e seus companheiros na festa de lançamento do livro, uma imagem que terá repercussões infelizes quando Tina a vir, eles realmente construíram um cenário para a Floreios e Borrões. Mesmo sendo apenas para uma foto em movimento, o nível de detalhe é incrível. No que diz respeito a Mina e Lima, não existe essa coisa de detalhes de fundo. “Nossa regra”, diz Mina, “é aplicar a mesma precisão a todos os níveis do filme para criar a autenticidade”.

Eles sabem que, se você está criando uma livraria, precisa pensar nos outros livros. Para as diferentes seções da Floreios e Borrões, eles listaram todos os assuntos mágicos que foram mencionados no Mundo Bruxo. “Todas as placas nas estantes estão relacionadas aos mais diversos temas”, diz Lima. Existe até uma prateleira dedicada à Oclumência e à Aritmancia.

Curiosamente, a única seção que eles não incluíram foi Ficção.

Na página anterior: Newt sendo prestigiado no lançamento de seu livro, pelo irmão, Theseus, e a noiva dele, Leta, juntos da assistente de Newt, Bunty (Victoria Yeates). *Acima*: Impressos anunciando o lançamento do livro e a própria obra, e também *(mais à esquerda)* a revista *Warlock* prometendo uma entrevista com o recém-famoso bruxo. À esquerda: O lançamento do ponto de vista do autor.

As escolhas de

QUEENIE GOLDSTEIN

Queenie realmente não é a mesma. Toda a sua perspectiva de vida foi transformada quando Newt Scamander colidiu com aquela existência mágica moderada, que ela compartilhava com sua irmã Tina em um prédio simples de Nova York, carregando uma mala cheia de criaturas e trazendo um humilde padeiro do Brooklyn. Um mundo de agitações e novas possibilidades se abriu. Não menos importante que isso, a possibilidade de amor pela bela e jovem bruxa, com o dom — e a maldição — da Legilimência: o poder de ler a mente dos outros.

"No primeiro filme, ela tinha uma verdadeira inocência, certa vulnerabilidade, alegria e emoção", diz Alison Sudol, "de repente havia essa aventura acontecendo em sua vida. Conhecer Jacob foi simplesmente maravilhoso. Foi realmente delicioso explorar tudo isso."

No tempo entre os dois filmes, Queenie acabou se metendo em uma enrascada. Com medo de ser descoberto pelo mundo não-maj, o MACUSA estabelece leis rigorosas sobre qualquer tipo de interação com o povo não mágico. A simples ideia de se casar com alguém que não é bruxo é escandalosa. Mas Queenie assumiu a responsabilidade de reverter os efeitos da perda de memória de Jacob, na esperança de fazer exatamente isso — se casar com ele.

"Quando o segundo filme começa, eles já estão em um relacionamento há certo tempo", explica ela. "Queenie se deixa levar pelo desespero e acaba tomando uma decisão que talvez não seja tão sábia."

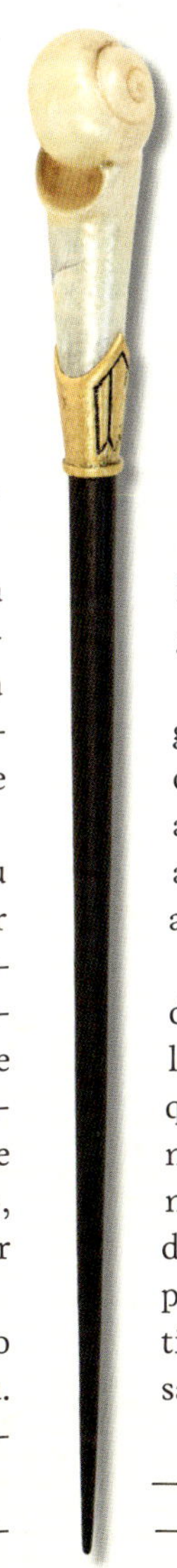

Suas ações causaram uma crise entre as duas irmãs. Além disso, como Jacob se negou a desobedecer às leis bruxas, Queenie lhe lançou um feitiço e o levou para a Europa, onde o casamento com um não-maj é permitido.

Depois que Newt devolve o confuso padeiro às suas faculdades mentais autônomas, há uma briga sem precedentes, e uma Queenie profundamente envergonhada foge para encontrar Tina em Paris. Lá, a moça acaba caindo na influência venenosa de Grindelwald.

Ainda precisamos acreditar que em sua essência ela é a mesma pessoa. "Você precisa ficar com ela", Sudol insiste, "mesmo que doa". Isso inclui algumas cenas bem difíceis com Dan Fogler, como seu atual ex-noivo, Jacob.

"Felizmente, Dan e eu já somos muito amigos", diz Sudol. "Nós moramos a três quarteirões de distância um do outro no Brooklyn, e eu amo a família dele. Seria mais difícil fazer isso com alguém em quem eu não confiasse tanto. Ele aceita tudo muito corajosamente."

Há também o fardo que vem com seu "dom" de Legilimência — a habilidade de intuir (e não ler diretamente) os pensamentos dos outros, o que é uma faca de dois gumes. Sudol ri. "O que eu não sabia, e é engraçado porque Queenie também não sabia, é o quão poderoso é uma característica dessas Mundo Bruxo. Então eu vi esse vídeo feito por um fã e pensei, "Nossa, isso é intenso". Mas tinha que parecer natural. Ela não precisaria pensar sobre isso".

O que tem sido empolgante em estar de volta — além de conversar com velhos amigos, é claro — é que grande parte da ação acontece nas ruas de uma Paris no fim dos agitados anos vinte. "O que

Stuart [Craig] fez com os sets", diz Sudol, uma fã declarada, "é tudo que você quer e espera na versão do Mundo Bruxo de Paris. Quero dizer, é tão detalhado, tão lindo, tão autêntico."

Em Paris, vulnerável e sozinha, Queenie é pega pelo sombrio grupo de Acólitos de Grindelwald, e Sudol ficou tão impressionada com a forma como J.K. Rowling descreve o bruxo das trevas, não como um monstro ou como um completo vilão, mas como um mestre manipulador. Grindelwald sabe que a maneira de chegar a Queenie é por meio de seu grande coração, e começa a dizer tudo o que ela quer ouvir.

"Ele também é um pouco sedutor", brinca Sudol. "É a velha história da boa menina sendo influenciada pelo bad boy."

Na primeira leitura do roteiro, Sudol admite que o caminho complexo que Queenie traça foi um choque. Tendo pensado nisso, ela agora vê que não havia outra forma de conduzir o personagem. "É adorável a ideia que ela e Jacob se apaixonem loucamente e tenham muitos filhos. Mas onde está o drama nisso? Estamos explorando a história da donzela que vai mergulhar no submundo..."

No topo: Queenie angustiada em Paris. *Acima*: Grindelwald planta muitas dúvidas em Queenie. *Na página*: a mala de viagem de Queenie. *Na outra página, de cima para baixo*: Queenie e Jacob surpreendem Newt com uma visita; Queenie chega em Paris; *(na página)* Queenie usa um vestido xadrez com detalhe de borboleta.

COLLEEN ATWOOD FALA SOBRE QUEENIE

"Nós sentimos que Queenie amadureceu neste filme. Por alguma razão, no primeiro ajuste, Alison disse: 'Eu pensei que eu estaria de xadrez' e isso funcionou".

"Senti que Queenie viria para Londres e diria: 'Bem, o que eles usam na Inglaterra? Eu acho que eles usam tartã'", explica Sudol. "Ela traz seu elegante toque Art Deco para o xadrez. Eu também pensei que ela poderia usar mais joias, ficar mais sofisticada."

Atwood acrescentou um pingente de mariposa e alterou a forma e a cor até que se parecesse com uma borboleta. A ideia era arremeter à transformação de Queenie. "Ela está mesmo vivendo essa espécie de despertar da borboleta", diz Sudol, "mas também é como uma mariposa. Uma borboleta noturna".

JACOB KOWALSKI
tem problemas amorosos

Quando vimos pela última vez o adorável Jacob Kowalski, interpretado por Dan Fogler, ele havia passado por uma tempestade mágica para lavar e apagar todas as lembranças maravilhosas de seu encontro com bruxas e bruxos. Como um não-maj, ele havia reconhecido que era necessário esquecer todas as coisas extraordinárias que tinha conhecido na companhia do Magizoologista, Newt Scamander, para não mencionar a bruxa de fazer parar o coração, Queenie Goldstein. Mas espere, no final do primeiro filme, Queenie não entrou na padaria nova de Jacob, cujos doces traziam uma estranha semelhança com Erumpentes, Seminvisos e Pelúcios?

Em todo caso, Newt não espera ter Queenie e Jacob como hóspedes em seu pequeno apartamento em Londres, no início do segundo filme. Além disso, não demora muito para o bruxo inglês detectar que as interações entre os pombinhos não são tão mágicas quanto parecem ser. Na verdade, eles são mágicas até demais. "Jacob está agindo de forma estranhamente efusiva", diz Fogler, "Estou um pouco feliz demais. Acontece que Queenie acabou me enfeitiçando."

O que ele quer dizer é que Queenie realmente lançou um feitiço em Jacob.

Por nunca ter participado de uma franquia antes, Fogler adorou a oportunidade de continuar interpretando um personagem realmente prazeroso. "Jacob é como um verdadeiro membro da família", ele ri. Fogler pensa no novo filme não como uma continuação, mas como a próxima parte de uma história única.

"O mais incrível em J. K. Rowling é que, como nos filmes de Harry Potter, esses personagens ficam mais velhos, suas aparências mudam, toda a sua vibração muda. Aqui os personagens estão ficando um pouco mais velhos, um pouco mais complexos."

As cenas do início do filme, em que Jacob está enfeitiçado, foram particularmente divertidas de filmar. Fogler conseguiu inventar uma rotina inteira de comédia, apenas com um subtexto muito rico. Sob os efeitos do feitiço, Jacob não é ele mesmo. A magia o está deixando quase bêbado, despejando sal em toda a mesa de jantar, como um idiota, e cutucando os olhos, com uma expressão vazia no rosto. Newt, chocado, põe um fim nessa situação.

Jacob está compreensivelmente chateado com sua noiva e uma briga bastante não-mágica acaba acontecendo, fazendo com que Queenie, envergonhada e com o coração partido, saia correndo por Londres, noite adentro.

"É ótimo", diz Fogler, "é algo que tem sua essência nas dinâmicas reais de um relacionamento".

Fogler não teve dificuldade em voltar à mentalidade do humilde padeiro com características bastante complexas escondidas. Era simplesmente questão de colocar o figurino (a combinação de um recém-atualizado terno com um sobretudo, resultado de sua recém-adquirida riqueza), e reaplicar o

bigode tipo lápis. "Eu apenas me olho no espelho e lá está ele." Tudo o que Fogler precisa fazer é dar um toque extra ao seu sotaque nativo do Brooklyn e Jacob está de volta.

Jacob se junta a Newt em sua missão na capital francesa, desesperado para acertar as coisas com Queenie. Mas, para piorar seus problemas amorosos, ele encontrará em Grindelwald um grande rival pela atenção de Queenie. Pois, tendo fugido para Paris, ela vai acabar entrando no radar do carismático bruxo.

"As coisas estão ficando sérias em muitos níveis", diz Fogler. "Mas o bom do Jacob é que, mesmo que ele se encontre em meio ao caos, ainda tenta fazer a coisa certa. Ele vai ajudar Newt até o final de sua jornada. Seu coração é tão grande que ele não consegue parar de ajudar as pessoas."

Se existe uma vantagem em correr tanto risco, é a chance de renovar sua amizade com Newt. "O relacionamento deles é icônico", observa Fogler. "É como Han e Luke, Sherlock e Watson, e o Gordo e o Magro. Há momentos em que você olha para os dois e quase podia ser um filme em preto

De cima para baixo: A Chave de Portal é bem útil após Jacob se sentir enjoado por conta da viagem mágica; Dan é só sorrisos para Eddie e seu diretor. *Na outra página, de cima para baixo*: Newt e Jacob saem em busca de uma Chave de Portal; Jacob muito sério quando ele, Newt e Tina decidem o que fazer sobre Kama.

e branco. Somos dois lados diferentes na mesma moeda, tanto fisicamente quanto em personalidade. Newt é o sábio dos livros e eu sou o sábio das ruas."

Para além dos personagens, foi uma felicidade voltar a atuar com Eddie Redmayne. "Nós dois somos fãs dessa era da comédia e conseguimos inserir isso nas cenas. Conhecemos os personagens tão bem que não precisamos ensaiar. Nós apenas deixamos fluir."

Mais uma vez, a reaproximação de Jacob e Newt, com sua coleção de criaturas excêntricas, bem como os novos perigos que espreitam nas ruas de Paris, terão um efeito transformador no padeiro.

"Por mais que Jacob tente fugir, eles continuam puxando ele de volta. Ele é o Al Pacino do Mundo Bruxo!", exclama Fogler.

E mesmo com todo seu esforço e bravura, ele ainda não tem direito a uma varinha. "Eu quero muito ganhar uma", argumenta Fogler. "Talvez eu consiga por baixo dos panos. Mas, você sabe, eu tenho magia dentro de mim. Tenho essa alma de ouro."

COLLEEN ATWOOD FALA SOBRE JACOB

"Em sua própria mente, ele [Jacob] se tornou um cara de sucesso", diz Atwood. 'Então seu terno finalmente cabe e todas as peças são do mesmo tecido, onde antes havia três elementos totalmente diversos. Eu sempre tento oferecer ao ator um detalhe para se entreter e, nesse caso, fizemos o tecido dos sapatos de Jacob do mesmo material que o terno dele, para que combinassem. Usar o mesmo figurino durante todo o filme pode ser difícil, então você tenta manter as coisas divertidas para os atores.

Um PORÃO cheio de CRIATURAS

O REFÚGIO DE NEWT

Um dos cenários mais extraordinários do novo filme, o porão de Newt é uma extensão fantástica do santuário portátil de animais que ele carregava em sua maleta.

"Ele usa a maleta em suas aventuras, mas agora podemos ver sua casa", diz Eddie Redmayne. "Entrar nesse set pela primeira vez foi de tirar o fôlego."

Como era de se imaginar, já que estamos falando de Newt, quando você vai para o porão, diz Redmayne, você entra em um zoológico "absolutamente desconcertante". Aqui é onde você encontrará a verdadeira expressão da personalidade de Newt. Lá embaixo, sob o soalho da casa, fica o centro de seu universo de cuidado de criaturas. Aqui também é o lugar onde ele mora.

"Esse é um homem que se sente mais em casa quando está viajando pela selva", diz Redmayne. "Me pareceu que ele viveria ali, em sua rede, no porão."

"Jo descreve esse local como um hospital de animais", explica o diretor de arte Stuart Craig. "E tentamos muito passar essa ideia na criação do set. Esse é um lugar para cuidar das criaturas, em vez de ser um lar provisório de resgate, como era a maleta. Existe uma diferença sutil".

Seguindo o conceito de Craig para o set, os detalhes ainda são de um porão sob uma casa londrina, com arcos e pilares de tijolos, mas o que é mágico é a ampliação dele. Parece ser infinito em quase todas as direções. E através dos arcos podemos ver diferentes ambientes para agradar à criatura que vive dentro dele.

Arte conceitual feita por Dermot Power revela a magia multicolorida dos diversos habitats das criaturas.

Acima: A sala de estar de Newt em seu porão. Dá pra ver a pequena árvore de Tronquilhos em sua mesa. *Na página*: A assistente de Newt, Bunty (Victoria Yeates). *Na outra página, de cima para baixo*: A mesa de Newt, abarrotada com livros escolares de Hogwarts, solicitações para viajar (com o carimbo de "negado") e provas do seu livro da editora, Obscurus Books; parte do fantástico trabalho de Stuart Craig para o porão; uma placa avisa "não use em humanos".

"Continuamos com a ideia de fazer algo realístico e preenchê-lo de detalhes, para que tenha total credibilidade", diz Craig. "Então, o que é mágico é a escala disso, a vastidão disso, o exagero. Como Escher, que é frequentemente usado como inspiração para sets de filmagem."

M.C. Escher foi o artista holandês do início do século XX, famoso por seus trabalhos com perspectiva e geometria em ilustrações de xilogravura que mostravam escadas sem fim.

"Stuart trabalha a partir do roteiro, mas surge com algo que você nunca imaginaria", diz o artista conceitual Dermot Power, que trabalha lado a lado com o reverenciado diretor de arte, e nos deu sua própria perspectiva para o porão. "Se alguém disser que se trata de um hospital veterinário, você já pensa que tudo é lateral e plano. Você anda desta sala para aquela sala. Mas Stuart descontruiu a ideia e fez um porão alto e estreito com diferentes níveis. É exatamente o oposto do que o roteiro parecia sugerir."

Mesmo sem suas extensões feitas no computador, o cenário físico era incrível de se ver, subindo por três andares, um labirinto tridimensional geométrico, vertiginoso, feito de arcos, paredes e escadas erguendo-se para além do que seria filmado. Com essas escadas de pedra, que se cru-

zam e se conectam com o apartamento acima, o visual criado por Newt lembra um pouco seus dias em Hogwarts. "É de um estilo clássico vitoriano, em vez de gótico", admite Craig, "mas mesmo assim a essência vem de Hogwarts".

Ainda mais bizarro, no meio do porão podemos ver o mesmo galpão que vimos dentro da maleta, no primeiro filme. É mais um dos movimentos de Craig para retratar as ideias de J. K Rowling sem precisar oferecer nenhuma explicação concreta, ou mesmo mágica — não que não tenha havido muito debate em outros departamentos sobre a interdimensionalidade de um galpão de jardim.

"O galpão lá é a cara do Stuart", ri Power. "É como o Monolito em *2001: Uma odisseia no espaço*, esse galpão esquisito no meio de todo esse espaço."

"É um conceito bastante intrigante", diz Craig; o galpão entrou e saiu de várias propostas de design para o set. "De qualquer forma, ver é acreditar. Se nós acertamos nos detalhes, e eu tenho certeza de que sim, vamos conseguir imprimir credibilidade.

Newt cuida de seus animais feridos e vulneráveis com a ajuda de sua assistente, Bunty (interpretada por Victoria Yeates, famosa por *Call the midwife*), que nutre uma paixão bastante óbvia pelo seu chefe, a qual ele, naturalmente, desconhece completamente.

O Magizoologista está realmente em sua zona de conforto quando interage com as criaturas, incluindo uma família inteira de Pelúcios. O departamento de adereços de Pierre Bohanna fez uma mamadeira de vidro para os bebês (que são a coisa mais fofa de todos os tempos). "Ela tinha cerca de seis tetas", diz ele.

Havia também um conjunto caixas para alimentar os Pelúcios e uma pequena árvore de Tronquilhos para a mesa de Newt. "Eu não quero usar o termo bonsai", diz Bohanna, "porque deveria ser uma muda de árvore Tronquilho para dar a Pickett um lugar em que pudesse descansar. Mas, para ser honesto, parece uma árvore bonsai."

Assim como duas gerações de Pelúcios e Tronquilhos, atualmente Newt também está cuidando de uma família de Bezerros Apaixonados, de um Cavalo-do-lago estressado, e de um Agoureiro — um pássaro de aparência triste, que parece o cruzamento entre uma coruja e um abutre.

Da esquerda para a direita: Uma equipe de assistentes opera um modelo em tamanho real do Cavalo--do-Lago, para que Eddie possa filmar a cena em que monta a criatura; (*na página*) adereço do cercado dos Pelúcios; Eddie Redmayne e Victoria Yeates riem enquanto o Bezerro Apaixonado olha para cima; Jacob vê o porão de Newt pela primeira vez; um still do Cavalo-do-Lago.

"Fizemos muitas pesquisas sobre zoólogos e veterinários da época", diz a decoradora Anna Pinnock, também interessada em fundir o real e o mágico para o efeito máximo. Esse lugar também representa os dois lados de Newt: sua total dedicação e sua excentricidade. "David Yates queria fazer com que Newt parecesse muito mais focado e reconhecidamente profissional, imerso no cuidado das criaturas, prático em suas habilidades, ao mesmo tempo mantendo a esquisitice e as habilidades mágicas especiais com as criaturas o mais evidentes possível."

Para dar ao set um visual único, Pinnock encontrou alguns equipamentos que tiveram suas funções reordenadas, a fim de expressar a singularidade da prática veterinária da Newt.

"Criamos uma máquina de raios-X com base no que estava acontecendo na época", diz Bohanna. Magia e ciência se misturam com Bohanna deixando até mesmo alguns trajes de radiação pendurados em ganchos.

Em meio ao amontoado de mesas e escrivaninhas, além equipamentos pseudocientíficos, o departamento de design gráfico acrescentou rótulos às garrafas de poções, desenhos e uma pilha de cadernos que Newt vinha colecionando. "Ele tem mapas e tabelas", diz o designer gráfico Eduardo Lima. "Trouxemos de volta muitas das coisas que criamos para o primeiro filme. Havia algumas notas específicas do livro que ele estava escrevendo."

"Estamos sempre tentando pensar na personalidade por trás daquilo que precisa ser criado", explica Mina. "Sabemos que Newt é muito racional, mas também impulsivo, como um professor maluco."

Como Craig mencionou, para além dos grandes arcos — que têm um sutil toque das curvas mouriscas do palácio de Alambra, na Espanha — distribuídos de cima a baixo e para os lados no porão, vislumbraremos habitats das criaturas.

"Cada uma dessas alcovas substitui os biomas da maleta", explica Power. "Mas a diferença desta vez é que eles não vão entrar nelas. Você está os observando."

Dentro da arquitetura fixa do porão, os ambientes precisavam ser menos artísticos e mais realistas. Naturalmente, o departamento de efeitos visuais, já responsável pelas criaturas, ficaria encarregado das alcovas pelas quais apenas passamos. Mas para duas alcovas que podiam ser vistas claramente em segundo plano, Power criou algo mais detalhado.

"Há uma cena em que o Agoureiro está na frente de um arco atrás do galpão e a câmera gira para acompanhá-lo, enquanto ele voa e intera-

ge com Newt", diz ele. "Porque ele é um pássaro irlandês que é um sinal de coisas ruins, eu usei minha igreja local na Irlanda."

Com a ajuda do Google Maps, Power retratou o cemitério exato e a igreja da cidade onde cresceu. "É como uma piada interna", ele confessa. "Você verá algumas particularidades irlandesas bem miseráveis lá dentro."

Logo atrás de Jacob podemos ver um habitat pertencente à família de Bezerros Apaixonados, com seus grandes olhos e pernas finas. No primeiro filme, os Bezerros Apaixonados viviam dentro da maleta, em um planetoide flutuante.

Com um bom trabalho de design, você sente que realmente há vida do outro lado.

Indiscutivelmente, o destaque de toda essa sequência do porão é o momento em que Newt mergulha em uma grande piscina para colocar um freio em um Cavalo-do-lago (uma criatura subaquática), que precisa de uma gota de bálsamo em um corte aberto — uma tarefa complicada.

"A solução", diz Power, "era encher uma alcova com água na qual o Cavalo-do-lago flutuava, enquanto atrás dele, a água se estende escuridão adentro."

O incomum nisso é que a superfície da água é vertical e não horizontal, preenchendo um arco inteiro.

CRIANDO UM NOVO GRUPO DE CRIATURAS

Apesar de todas as reviravoltas nos planos malignos de Grindelwald, uma série de animais inquestionavelmente fantásticos continua sendo o coração da história. Cada filme da série nos apresentará um maravilhoso grupo de novas criações, elaboradas com a sutil mistura de animais reais e seres mitológicos característica da J. K Rowling, e com sua habilidade para criar coisas adoráveis.

De fato, para Rowling, o afetivo e cuidadoso relacionamento de Newt com as criaturas só ficou mais importante. "Meu herói está interessado em salvar um aspecto do mundo mágico com o qual, nessa época, praticamente ninguém mais se importava", diz ela. "Newt está trilhando essa estrada bastante solitária e diz: 'Sabe de uma coisa? Vamos destruir algo muito bonito se deixarmos essas criaturas partirem. Eles são inconvenientes, atrapalham, quebram o Estatuto de Sigilo, muitos de vocês não os entendem e estão realmente com medo deles, mas nós temos que protegê-los, e é o que eu vou fazer'. Isso faz com que ele se meta em todo tipo de problemas. E isso é parte do que as outras pessoas veem como sua estranheza."

Quando se trata de dar vida a essas criaturas no cinema, as palavras de Rowling são sempre a base. "Tanto no roteiro, como também naquelas descrições encontradas no livro *Animais fantásticos e onde habitam*", diz o produtor David Heyman. "Conceitos são, então, elaborados tanto pelo pessoal da arte quanto pelo departamento de efeitos visuais: diferentes artistas seguindo projetos diferentes. Nós geramos milhares de projetos e gradualmente selecionamos os que mais nos animam."

Heyman ainda considera que as duas criaturas mais bem-sucedidas do primeiro filme foram o Pelúcio e Pickett, o fofo Tronquilho, porque a animação estava em harmonia com o design. Eles se moviam exatamente como parecia que deveriam se mover. Eram muito naturais.

Com os avanços nos efeitos digitais, a criação dos animais cai sob a jurisdição da equipe de efeitos visuais, liderada pelos supervisores Tim Burke e Christian Manz.

"É um processo bastante colaborativo", diz Manz. "David Yates é muito generoso e nos deixa livres para propor ideias. Obviamente, seguimos o que Jo escreveu, mas contribuímos com nossas próprias visões sobre o personagem ou como uma sequência de ação pode acontecer, e David nos diz do que gosta e muito gentilmente fala do que não gosta."

Determinada criatura (ou sequência) pode evoluir desde a pré-produção, passando pelas filmagens, até a pós-produção. A chave para isso é o envolvimento dos atores, que só aumentou com

Acima: Newt monta em um Cavalo-do-Lago. *Na outra página*: arte conceitual do Chupacabra sobre a Varinha das Varinhas, feita por Sam Rowan.

o segundo filme. "Eles assistem prévias enquanto desenvolvemos as cenas e nos dão opiniões sob a perspectiva dos personagens", explica Burke. "Então estamos fazendo Eddie dizer o que ele faria e pedindo a Katherine para nos contar o que está prestes a fazer, e estamos desenvolvendo a história junto com eles. E eles também dão ideias sobre o que as criaturas fariam."

Eddie Redmayne, diz Burke, agora está tão familiarizado com seus Pelúcios e Tronquilhos que aponta exatamente como os imagina se comportando. "É uma colaboração real e eles estão muito confortáveis com isso", ele ri, procurando a palavra perfeita. "Na verdade, é um processo simbiótico."

Para o novo filme, no lugar de se esconderem na maleta de Newt (e escaparem dela), os animais estão espalhados pelo espaçoso porão do Magizoologista, o obscuro Circo Arcanus e também no Ministério francês.

Manz começa a apontar os animais que lembra de cabeça. "Há um circo mágico no qual temos um Oni japonês e um Kappa, que é um demônio aquático... O Pelúcio está de volta. Pickett também. Tem sido brilhante fazer parte da criação deles, e agora podemos fazer tudo de novo e nos esforçar ao máximo para melhorar. Há menos criaturas desta vez, mas onde elas aparecem, elas têm mais destaque. De certo modo, uma das maiores criaturas é Paris."

Em tudo o que fazem, Manz e sua equipe constantemente pensam sobre os animais e sua relação com o ambiente. Como um Matagot patrulha os andares do Ministério da Magia Francês? Uma vez que o Zouwu tenha escapado do circo, como vai lidar com as ruas de Paris?

"Não queremos que as criaturas sejam criadas de forma isolada", insiste Heyman. Cada um precisa ser um personagem individual e uma parte integrada do mundo. Esse movimento é essencial. E seu movimento reflete seu caráter.

Apresentado ao público como um dos animais capturados por Skender e exibido cruelmente no Circo Arcanus, o Zouwu é um bom exemplo disso. Ela é a maior criatura do filme e é descrita como uma grande criatura felina — tão grande quanto um elefante — com quatro presas e longas garras afiadas. Além disso, tem uma longa cauda multicolorida.

A ironia é que, embora ela seja aterrorizante de se ver, é muito tímida. Quando a conhecemos ela está deprimida por causa dos maus tratos de Skender. Newt irá ajudá-la a se redescobrir.

A equipe de efeitos visuais gosta de fazer sua própria pesquisa, primeiro seguindo a descrição no roteiro e então direcionando seus olhares às criaturas míticas da cultura francesa e, neste

Na outra página: Stills do Zouwu *(acima)* e do Agoureiro *(abaixo)*. *Nesta página (de cima para baixo)*: arte conceitual do Matagot, por Ken Barthelmey; arte conceitual do Kappa, por Scott Mclnnes.

caso, também da chinesa. Depois essas descrições foram enviadas para os artistas, que retornaram com vários Zouwus diferentes. Estes foram reduzidos a alguns poucos, que foram colocados na frente de Yates para ver a qual deles ele reagiria melhor — o que é sempre um momento revelador.

"E então o trabalho precisa ser aperfeiçoado e aperfeiçoado", diz Manz. Foram necessários cinquenta ideias diferentes até conseguirmos chegar a essa essência do Zouwu, e só então criamos uma versão em 3D para que o Yates visse.

"As criaturas também são atores do filme", diz Manz, e é com essas animações que eles começam a descobrir como os animais se comportam. "Então, temos manipuladores de fantoches no set para substituir as criaturas quando estamos filmando e aprendemos com isso. É uma jornada de meses e anos."

Esses fantoches variam de uma bola de tênis presa em um bastão, para que os atores possam olhar na direção correta que será a criatura, até modelos em tamanho real que imitam o animal. Havia uma versão de almofada do Pelúcio e pequenos bonecos de madeira do Pickett, o Tronquilho, que exigiam dois manipuladores para operá-lo, um para os braços e outro para as pernas.

Bohanna acredita que eles tenham feito mais fantoches neste filme do que no último. O marionetista Robin Guiver, que trabalhou na aclamada versão teatral de *Cavalo de guerra*, foi o encarregado da performance das criaturas nos sets. "Uma coisa adorável que Robin faz é colocar muita caracterização em sua interação com os atores. Isso ajuda a orientar os animadores. "

Mais uma vez, Eddie Redmayne ficou muito animado com a oportunidade de se aproximar das criaturas e de descobrir sua própria maneira de se comunicar com elas. Assim, ele tem a chance de oferecer suas próprias ideias para a produção. "Todo esse trabalho, desde a elaboração de marionetes, dublês especialistas, treinadores de movimento, o pessoal dos efeitos visuais, e o ator", diz ele, "É realmente um esforço em equipe."

Para o Zouwu, o departamento de adereços de Pierre Bohanna construiu um fantoche extraordinário que Redmayne deveria tentar domar. "Ele tinha três ou quatro homens vestidos de verde dos pés à cabeça e se movimentando", diz o ator, rindo do que se tornou apenas mais um dia de trabalho. "E na frente deles havia uma cabeça esculpida."

"Ela é quase como um daqueles fantoches de dragão chinês", diz Bohanna. "Então nós fizemos uma cabeça. E ainda tem esse cabelo incrível com dreadlocks. Havia um ponto em que ela abraçava Newt, então fizemos uma versão de espuma macia, com os marionetistas essencialmente se enrolando em torno de Eddie, com a cabeça dele para fora."

AINDA MAIS ANIMAIS FANTÁSTICOS

"Não há criaturas estranhas", declara Newt Scamander, expondo sua firme convicção no segundo filme da série *Animais fantásticos*, "apenas pessoas de olhos fechados..." O Magizoologista certamente vai ter a chance de provar seu ponto de vista. Como o título da franquia ainda deixa claro, Newt vai encontrar uma nova fauna fascinante junto aos amigos que já conhecemos. E a maioria dos animais se revelará mais incompreendida do que feroz.

Podendo ser vistas no hospital do porão de Newt, no mágico Circo Arcanus, no Ministério da Magia Francês, e em um momento específico, perdido nas ruas de Paris, o novo filme traz uma coleção selvagem de diferentes criaturas.

Felizmente, para sua nova missão, Newt conseguiu consertar a tranca em sua maleta. "Bem, ele mantém a maleta um pouco sob controle agora", ri o modelador de adereços, Pierre Bohanna, que adaptou a maleta para a viagem do Magizoologista para Paris. Seu zoológico portátil será útil mais uma vez.

"Temos novos animais, criaturas do mundo, oriundas dos mais diversos lugares", anuncia o produtor David Heyman. Aqui está um guia prático de animais para ficar de olho em *Os crimes de Grindelwald*.

AGOUREIRO

(Porão de Newt): um pássaro grande, parecido com uma coruja, com garras afiadas, um bico curvado e um rosto bastante expressivo. Em sua cabeça, o Agoureiro tem longas gavinhas individuais que se transformam em penas nas extremidades. Na cauda, suas longas penas são verde-escuras,intercaladas com bonitas plumas roxas e verdes.

BICHO-PAPÃO

(Hogwarts): um não-ser com a habilidade da metamorfose que instantaneamente assume a aparência do maior medo de quem o encara. O jovem Newt, como estudante em Hogwarts, verá seu bicho-papão como uma escrivaninha no Ministério.

TRONQUILHO

(Porão de Newt e Paris): essa pequena criatura em forma de ramo tem uma vida social complexa, e só faz ninhos em árvores cuja madeira seja útil para a produção de varinhas. Newt tem um carinho especial por um Tronquilho chamado Pickett, que continua se escondendo no bolso do bruxo.

CHUPACABRA

(Nova York): essa criatura sugadora de sangue tem seis patas, espinhos e dentes apavorantes.

DRAGÃO DE FOGO

(Circo Arcanus): parecido com um pequeno lagarto voador com longas antenas. Poderia ser confundido com um dragão, exceto que, em vez de cuspir fogo, o Dragão de Fogo solta faíscas pelo final de sua cauda que incendeiam qualquer material inflamável.

HINKYPUNK

(Paris): uma criatura muito útil para desabilitar feitiços de rastreamento. Newt carrega um Hinkypunk em uma lanterna enquanto viaja para Paris. Assemelhando-se a uma condensação de fumaça incandescente com uma só perna, não muito diferente de um fogo-fátuo, deve-se ter cuidado com esses impetuosos seres, que não aceitam bem, estarem confinados em uma lanterna.

No set, o Hinkypunk foi criado usando uma luz em uma jarra sobre a qual a equipe de efeitos visuais irá animar a criatura etérea.

KAPPA

(Circo Arcanus): um espírito aquático japonês, mais ou menos como um macaco, com escamas em vez de pelo e que nutre certa preferência pelo gosto do sangue humano.

CAVALO-DO-LAGO

(Porão de Newt): uma criatura que vive debaixo d'água, onde sua camuflagem se parece com longas e espessas tiras de algas verdes. O Cavalo-do--lago é extremamente forte e difícil de domar e tem uma mordida desagradável. No entanto, uma vez que esteja com os freios de montaria, é dócil e, para quem sabe lidar com isso, até pode proporcionar um rápido passeio subaquático.

Para a filmagem, foi feito um modelo de Cavalo--do-lago em tamanho e aparência precisos, com cabeça e ombro incrivelmente realistas, para Eddie Redmayne montar. Então, nós o colocamos em um carrinho e o guiamos pelo set. Os manipuladores de marionetes operavam a cabeça, enquanto Redmayne se pendurava no bicho como se sua vida dependesse disso, para que a equipe de efeitos visuais pudesse obter uma posição precisa para Newt.

LEUCROTA

(Porão de Newt): semelhante a uma rena mais forte, com uma juba gigantesca e uma boca do tamanho de uma grande tampa de lixo.

MATAGOT

(Ministério da Magia Francês): o felino Matagot é um espírito familiar que lembra um gato da raça Sphinxs, sem pelos. Na França, eles são utilizados pelo Ministério da Magia para realizar trabalhos servis, incluindo distribuir a correspondência e garantir a segurança de muitos outros departamentos. Os matagots não atacam a menos que sejam provocados, mas é aí que se transformam em algo muito mais ameaçador.

BEZERRO APAIXONADO

(Porão de Newt): o Magizoologista está cuidando de uma família inteira destes tímidos quadrúpedes, obcecados pela lua, com grandes pés chatos e olhos esbugalhados.

PELÚCIO

(Porão de Newt e Paris): nosso pequeno amigo peludo é como um cruzamento entre um ornitorrinco e uma toupeira. Com uma predileção irreprimível por qualquer coisa reluzente, essa pequena e notavelmente rápida criatura vai coletar, ou até mesmo roubar, qualquer objeto brilhante que veja e guardará seus tesouros numa bolsa em sua barriga. Não são bons animais de estimação.

BEBÊS PELÚCIO

(Porão de Newt): Pelúcios podem ter grandes ninhadas de até oito bebês, que podem apresentar uma grande variedade de cores: pretos, marrom e brancos, cinza e branco e até com três cores. Eles nascem com uma inclinação instintiva para qualquer coisa brilhante, e são tão travessos quanto seus pais.

ONI

(Circo Arcanus): um grande animal japonês barrigudo e com presas de javali. Eles crescem até chegarem ao tamanho de um aposento inteiro.

TESTRÁLIOS

(Nova York): um animal esquelético, mas com asas fortes como as de um morcego e alguns traços equinos, apesar de decididamente não ser um cavalo. Tem cascos bifurcados e uma cauda pontiaguda. Testrálios aparecem na cor preta para aqueles que podem vê-los. No entanto, são visíveis apenas para aqueles que testemunharam a morte à frente dos olhos.

ZOUWU

(Circo Arcanus e Paris): um felino monstruosamente grande - tão grande quanto um elefante - com um corpo listrado, crina desgrenhada, quatro presas que se enroscam para fora da boca e longas garras afiadas. Talvez sua característica mais chamativa seja a cauda multicolorida, desproporcionalmente longa e bagunçada. Naturais da China, os Zouwus são incrivelmente poderosos e rápidos, capazes de viajar mais de mil e seiscentos quilômetros por dia. O Zouwu em *Animais fantásticos: Os crimes de Grindelwald* foi capturado por Skender, o proprietário e mestre do Circo Arcanus, e tem cicatrizes em seu corpo, marcas dos abusos que sofreu.

HOGWARTS

RETORNANDO A HOGWARTS

DE VOLTA À ESCOLA

Uma das sequências mais empolgantes do segundo *Animais fantásticos* também é bastante familiar. Voltamos às salas de aula e aos corredores pelos quais Harry, Hermione e Rony já correram tantas vezes. Ou, para ser exato, vão correr setenta anos depois. Para os cineastas, foi um desafio voltar à Escola de Magia e Bruxaria de Hogwarts antes de se tornar a Hogwarts que nós conhecemos e amamos tanto.

"Hogwarts tem mais de uma importância", explica o produtor David Heyman. "Primeiramente, é onde encontramos Dumbledore, afastado do confronto com Grindelwald. Em segundo lugar, encontramos a Hogwarts que Newt e Leta Lestrange frequentaram. Nós descobrimos sua história e o seu relacionamento, que, tanto no passado quanto no presente, tem muito significado para esse filme."

Com o segundo filme, J.K. Rowling está deliberadamente aproximando as duas franquias. "Na franquia *Animais fantásticos*, vamos conhecer antepassados de personagens que vemos nos filmes de Harry Potter", explica ela. "Não quero revelar muito, mas você vai se deparar com algumas pessoas, lugares e coisas conhecidas."

Ao mesmo tempo, tudo isso acontece com equilíbrio e inteligência. "Em *Animais fantásticos*, estou contando uma história que é apenas sugerida nos livros de Harry Potter", diz ela, "A ascensão de Grindelwald, um bruxo que ameaçou seriamente a segurança do Mundo Bruxo e também do

Parado debaixo de um esqueleto, Jude Law é filmado dando aula aos seus alunos de vestes azuis na sala de Defesa Contra as Artes das Trevas.

mundo trouxa, e seu antagonista, Dumbledore, que, claro, é um personagem de destaque nos livros de Potter. Sempre tive muitas ideias sobre essa história, e agora posso contá-la, o que é muito satisfatório do ponto de vista artístico."

Mesmo que locais de Hogwarts tão memoráveis como o Salão Principal e o Salão Comunal da Grifinória não apareçam dessa vez, vai ser emocionante poder vislumbrar Hogwarts por volta de 1927.

"É uma construção antiga e você pode pensar que ela não mudaria tanto assim", diz o diretor de arte Stuart Craig, que passou boa parte de sua carreira imaginando e reimaginando o grande castelo escocês. "O fato é que, em Harry Potter, nós começamos a trabalhar tendo apenas dois livros como referência e o resto deles ainda não havia sido escrito na época. Assim, sempre tínhamos a necessidade de continuar mudando."

Harry Potter e o prisioneiro de Azkaban exigiu uma torre de astronomia que ainda não existia nos dois primeiros filmes. "Então, sem qualquer respeito pela continuidade, nós mudamos as coisas", ele ri. "Uma das coisas que mais mudamos foi a entrada para Hogwarts. No oitavo filme, para a grande batalha, colocamos uma ponte que leva aos portões principais. Vamos ver esta ponte no novo filme."

No geral, eles investiram na familiaridade da famosa arquitetura, já imaginando a escola que ela se tornaria. Em alguns aspectos, tem sido como nos velhos tempos.

"Eu nunca pensei que estaríamos desenterrando o modelo antigo, mas fizemos isso", diz o supervisor de efeitos visuais Tim Burke, referindo-se à minuciosa miniatura de Hogwarts que eles guardaram no estoque. "Restauramos todos os velhos modelos de Hogwarts, e até voltamos para fazer algumas tomadas na Escócia."

"A diferença no tempo também fica muito óbvia quando olhamos para os artefatos mágicos", observa Craig. "Os equipamentos de quadribol, os caldeirões, corujas e suas gaiolas. É divertido ver versões antigas de tudo isso."

A equipe de design gráfico criou um conjunto de livros novos-antigos, incluindo um caderno de exercícios de Hogwarts com design totalmente novo. "Eu acho que os fãs vão gostar do fato de ele ser tão familiar, como os que tivemos em Harry Potter", diz Eduardo Lima. "Todos os brasões das casas permaneceram os mesmos."

A equipe também voltou a filmar na Lacock Abbey, em Wiltshire, cujos adoráveis claustros de meados do século XVI, com tetos abobadados, se tornaram uma marca de Hogwarts.

"Estamos lentamente voltando ao mundo mágico que já conhecíamos", explica o gerente de construção Paul Hayes, admitindo que adoraria ter feito ainda mais. "Nós construímos a sala de aula de Defesa Contra as Artes das Trevas, o que foi adorável porque o set original dos filmes de Harry Potter não foi guardado e acabou sendo desmontado. Esse foi o set que eu não consegui salvar."

A SALA DE AULA DE DUMBLEDORE

Muito antes de se tornar diretor, Alvo Dumbledore era o mestre de Defesa Contra as Artes das Trevas, e o novo filme nos dará a chance de ver como a sala de aula mais famosa de Hogwarts já refletiu a personalidade de Dumbledore.

O formato da sala continua idêntico. "Nós usamos a planta original", diz Hayes. "Eu até voltei para a Ashridge House e copiei o exato molde de pedra que usávamos antes, para que tivéssemos a rocha correta para a sala de aula."

"Tudo era de feixes de carvalho e vigas", observa Craig. "Eu acho que não vai ter mudado muito em setenta anos."

Para a decoradora de cenários, Anna Pinnock, era o caso de manter a filosofia de fazer com que parecesse o mesmo, mas diferente. "Você está sempre em conflito", ela admite. "É preciso manter a conexão que as pessoas amam e ainda conseguir fazer algo novo."

Como Hayes, Pinnock mergulhou nos arquivos de Harry Potter. "Usamos alguns móveis dos filmes originais. Eu tentei replicar a sensação da sala de aula original e depois ter a presença de Dumbledore para trazer algo novo."

Ao longo da saga Harry Potter, era comum que todos os novos professores de Defesa Contra as Artes das Trevas preenchessem a sala com itens que os ajudavam nas aulas, além de algumas bugigangas pessoais: Remo Lupin tinha seus pedaços de ossos e fósseis. Gilderoy Lockhart, vaidoso, seus próprios livros, enquanto Dolores Umbridge não tinha absolutamente nada – representando seu estado de negação em relação ao retorno de Voldemort.

Com Dumbledore no comando, eles poderiam dar dicas sobre a verdadeira caverna dos tesouros que viria a ser o escritório do diretor, anos depois. "Ele gosta muito de

Na outra página, de cima para baixo: Aurores aparatam na ponte; o livro didático de Defesa Contra as Artes das Trevas; a jovem Leta (Thea Lamb). *De cima pra baixo*: os alunos de Hogwarts se preparam para sair, levando seus malões e corujas; Dumbledore em sua sala de aula com um microscópio gigante; *(na página)* um enfeite esférico encontrado na mesa de Dumbledore.

De cima para baixo: David Yates curte os aplausos de seu animado elenco jovem; os cadernos de tarefa nas cores das quatro casas de Hogwarts; filmando externas de Hogwarts em Lacock Abbey. *Na outra página, de cima para baixo*: o jovem Newt (Joshua Shea) e Leta ficam amigos debaixo das escadas de Hogwarts; Jude Law é filmado em frente ao Espelho de Ojesed; o Espelho revela a Dumbledore imagens dele mesmo com Grindelwald.

astrologia e astronomia", diz o modelador de adereços Pierre Bohanna, que usou algumas das peças originais de um relógio da Warner Bros. Studio Tour, em Leavesden.

Eles também começaram a montar alguns itens de sua coleção de misteriosos sistemas planetários e globos. Bohanna se juntou a Pinnock em uma viagem investigativa aos Museus de Ciência de Oxford e Londres, buscando inspiração em aparatos históricos. "Em Oxford, havia várias peças das quais gostamos", lembra Bohanna. "Uma delas era um modelo da Lua que foi colocado dentro dessas plataformas giroscópicas de latão. Mas por ser dos anos 1830, só tinha o mapa de um lado da lua."

Era exatamente o tipo de experiência de criação de adereços que Bohanna adora, com "muitos cristais, suportes de lentes e equipamentos relacionados à astronomia". Eles até encontraram um microscópio que, ironicamente, daria um telescópio fantástico, e fizeram uma "adorável" versão de quase quatro metros de altura, que fica no canto da sala de aula, cheia de resplendor.

Quando precisaram vestir os alunos de Dumbledore em seus uniformes de Hogwarts, o departamento de figurinos teve a complicação adicional de não apenas retornar a Hogwarts em 1927, mas também de relembrar uma era ainda mais antiga, quando o jovem Newt e seus colegas tentam enfrentar um Bicho-papão sob a supervisão de Dumbledore.

"Tivemos que retratar alguns momentos de diferentes épocas", diz Colleen Atwood, que se surpreendeu ao notar a mínima variação que há entre uniformes antigos e os dos anos 1990, época em que Harry Potter esteve em Hogwarts.

"Usamos os figurinos de Harry Potter como ponto de partida, embora este seja um período diferente", declara a supervisora de figurinos Charlotte Finlay. Eles ainda têm todas as quatro cores da casa, emblemas e gravatas: todos os detalhes que os fãs vão reconhecer, mas há uma mudança significativa.

"A diferença é que as vestes de Harry Potter eram pretas e as vestes que projetamos para esses filmes são azul-escuras", diz Finlay. "Os capuzes representando cada casa continuam lá, mas foram ligeiramente redesenhados para marcar o período."

O SANTUÁRIO DE NEWT

Durante o flashback para os tempos desagradáveis de Newt na escola, temos um vislumbre de suas investidas na direção da Magizoologia, e para isso, foi produzido um set pequeno, mas significativo. Abarrotado com uma coleção de Lesmalentas, parecidas com caracóis, um tanque de girinos e um bebê corvo machucado, de quem ele está cuidando, Newt criou seu primeiro santuário para criaturas em um armário secreto em Hogwarts. É um precursor de sua maleta e do porão que ele construirá como adulto.

Em um toque clássico de Stuart Craig, o diretor de arte imaginou esse estranho e pequeno refúgio escondido entre o teto abobadado dos claustros e o andar acima. "O pequeno zoológico secreto de Newt fica nesse espaço", explica ele. "Você passa por uma pequena porta, sobe imediatamente por essa pequena escadaria de pedra e acaba se sentando na abóbada sobre o claustro."

Craig acrescenta: "Não tenho certeza se as pessoas vão perceber isso, mas tem a atmosfera certa para o santuário e proporciona uma fotografia interessante".

Para Redmayne, esse espaço forneceu outra percepção aguçada do psicológico de Newt. "Ele se sentia muito mais confortável ali, com os bichos, do que com outros estudantes. Desde quando ele era um menino em Hogwarts, colecionava criaturas machucadas, cuidava delas e as curava. Estava em seu sangue."

Conheça o jovem

ALVO DUMBLEDORE

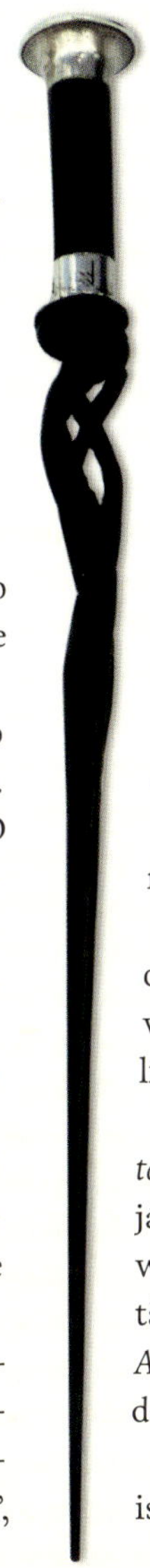

Como era Dumbledore em sua juventude? Quando ele somente ensinava Defesa Contra as Artes das Trevas em Hogwarts. Ele já falava tantos enigmas? Ele interferia em assuntos importantes e bolava planos a respeito deles, trabalhando em uma agenda totalmente enigmática? Ele era gentil e espirituoso? Ele tinha barba? Acima de tudo, o ator que o interpreta poderia tomar o papel para si, saindo da sombra de Richard Harris e Michael Gambon?

Indiscutivelmente, o desafio mais fascinante apresentado por J.K. Rowling para o segundo capítulo de *Animais fantásticos* foi a introdução do icônico diretor, setenta anos mais jovem do que era na última vez em que o vimos.

"Nós nos encontramos com Dumbledore como um homem, eu diria, na meia-idade", diz Rowling. "Então, ele ainda é jovem, mas já é um adulto. O Dumbledore que encontramos dessa vez é inteligente, talentoso, mas também guarda alguns mistérios. Nós o vemos através dos olhos de Newt Scamander, que é um homem livre de lados políticos, e descobrimos que ele era um grande professor, mas é um homem que não parece contar a verdade a ninguém. É alguém sobrecarregado de conhecimento. Você sabe, não é fácil ser Dumbledore. Ele geralmente tem informações que não pode compartilhar — e frequentemente está nadando contra a corrente."

O Dumbledore neste filme não é igual ao Dumbledore que conhecemos nos filmes de Harry Potter. "O relacionamento dele com Harry é um pouco diferente de seu relacionamento com Newt", diz o produtor David Heyman. "Harry admirava muito Dumbledore. Newt está um pouco mais irritado com seu ex-professor. Ele sabe que está sendo manipulado e é menos tolerante com isso. O Dumbledore deste filme carrega mais demônios. Ele está lutando com certas questões."

Encontrar o homem certo para interpretar esse personagem tão mágico era uma tarefa difícil. "Dumbledore tem tantas características que precisávamos encontrar", diz Heyman. "Você quer aquela sabedoria. Aquela sagacidade. Você quer encontrar alguém que carregue esses demônios. E também está em busca de um dos homens mais inteligentes de todos os tempos. Alguém que tenha aporte físico, certa sensualidade e maturidade... E que possa ficar frente a frente com Johnny Depp e Eddie Redmayne sem acabar esquecido pelas câmeras."

Felizmente para eles, essa pessoa já havia se oferecido para o emprego.

Jude Law já conhecia bastante Harry Potter. Ele leu os livros para seus filhos, ouviu os "audiolivros maravilhosos" de Stephen Fry em longas viagens em família; e eles tinham assistido religiosamente aos filmes.

O célebre astro de *O talentoso Ripley*, *Cold Mountain* e dos filmes de Sherlock Holmes, um ator que já trabalhou com grandes nomes como Clint Eastwood, Steven Spielberg e Martin Scorsese, ficou tão impressionado com o primeiro filme da série *Animais fantásticos* a ponto de pensar que realmente deveria ficar de olho no segundo.

Então ele fez suas próprias perguntas. Para onde isso está indo? Eles estão procurando trazer algum

dos personagens antigos? Jude Law estava dando indícios a Rowling, Heyman e Yates de que gostaria de participar da franquia.

"Se isso despertou alguma curiosidade neles, eu não sei", diz Law. "Mas eu recebi uma ligação dizendo que eles estavam escalando um jovem Dumbledore. Foi um dia muito bom quando eles disseram que me queriam para interpretá-lo."

Você deve se lembrar de todas as revelações no final da saga de Harry Potter sobre Dumbledore e Gellert Grindelwald terem sido próximos. Como homens jovens e cheios de ideais, eles haviam planejado encontrar as poderosas Relíquias da Morte e tomar as rédeas do Mundo Bruxo na época. Então, implantariam um novo mundo, no qual o povo mágico não precisaria viver na clandestinidade, mas reinariam sobre os trouxas pelo bem maior. A tragédia os separou, deixando Grindelwald depravar seus sonhos alquebrados na direção de seus objetivos pessoais, e Dumbledore carregar uma grande responsabilidade nas costas, fruto do seu passado.

"O relacionamento entre Grindelwald e Dumbledore foi o que moldou o Dumbledore que conhecemos", diz Rowling. "Eles se conheceram quando eram muito jovens, adolescentes, e ambos são excelentes bruxos. Quero dizer, espetacularmente talentosos. Neste filme, você tem apenas um gostinho do que é o relacionamento deles e o que será."

"Há muita coisa acontecendo nas entrelinhas", diz Law, que passou longas tardes na companhia de J.K. Rowling, o que o ajudou a entender as complexidades do feiticeiro. "Este é um homem que foi informado desde criança que era especial. Que tinha o potencial para ser muito poderoso. Mas, na hora errada, ele passou por um drama pessoal esmagador. Seu pai acaba preso. Depois, há a morte de sua mãe, que acaba levando à mor-

De cima para baixo: Dumbledore leciona para o jovem Newt; instruções sobre Transfiguração no quadro negro; *(na página)* adereço para uma vassoura dos anos 1920. *Na outra página, de cima para baixo*: Leta toca onde entalhou suas iniciais e as de Newt, em sua carteira; Jude e Eddie descansam no set; Dumbledore recebe uma visita inconveniente do Ministério. *Na página:* O enigmático Alvo Dumbledore.

te de sua irmã. Ele está lidando com feridas profundas e dolorosas."

Tamanha "intimidade emocional" o cegou para as inclinações mais obscuras de Grindelwald e acabou levando a um confronto com seu grande amigo, o que gerou mais uma cicatriz.

Com o coração "congelado", o ator sugere, não é de admirar que ele tenha problemas em confiar nas pessoas, o que por sua vez o levou a ser tão sigiloso.

"Ele também tem a sensação de que pode consertar as coisas", explica Law. "Com a devida abordagem, seja por meio de estudo, espalhando ideias corretas na mente de seus alunos, ou até criando suas tramas nos bastidores, ele pode reverter os danos que ajudou a causar."

Hogwarts se tornou uma espécie de templo para Dumbledore.

"Existe um oceano de complexidade dentro dele", continua o ator. "Mas olhando mais a fundo, ele é alguém travesso e insolente e curioso e anárquico e brilhante."

Por ter escolhido essa espécie de exílio, ele tem que usar seus relacionamentos com bruxos engajados e com morais similares às dele para tentar impedir a ascensão de Grindelwald.

"Ele sabe que Newt tem uma moral muito firme", diz Law. "Infelizmente, Dumbledore é alguém que está três passos à frente de todos os outros. Você poderia acusá-lo de, não necessariamente manipular, mas levar as pessoas a fazer coisas que elas não querem fazer."

Por insistência de Dumbledore, com um encontro tipicamente esdrúxulo no topo da Catedral de São Paulo, Newt relutantemente concorda em ir em segredo a Paris rastrear Credence.

Há indícios de que, quando estiver pronto, Dumbledore dará um passo à frente e enfrentará seu amigo-inimigo. Por enquanto, é melhor que ele trabalhe nas sombras. Law nota que ele fez a mesma coisa com Harry Potter. "Ele permite que as pessoas saibam o suficiente e não carreguem o peso de descobrir tudo mais cedo do que é conveniente".

A presença de Dumbledore, diz Heyman, forma uma ponte clara entre o universo Potter e o universo *Animais fantásticos*. "Jude Law é obviamente um Dumbledore muito mais jovem que Michael Gambon ou Richard Harris, mas ele é um personagem que se ergue sobre essa história de uma forma muito profunda."

Junto com Rowling e o diretor David Yates, Law passou muito tempo considerando como seria Dumbledore em termos físicos. Como ele andava e falava quando era mais jovem? O quanto ele ria? Como era sua postura em sala de aula? Ele era um pouco dândi, Law aprendeu. Um homem que apreciava certa elegância em suas vestes.

"Analisamos fotos maravilhosas de filósofos e artistas daquele período, que usavam ternos com certa pompa", continua Law. "Amamos a ideia de dar a ele a excentricidade de um professor, e a barba era importante porque Jo fazia referência a ela no roteiro. Mas isso o torna um tanto incomum nesse período, porque poucos homens usavam barba. Ele é um amante dos livros ligeiramente extravagante."

Talvez o mais fascinante em tudo isso, para os fãs, seja a oportunidade de ver Dumbledore trabalhando numa sala de aula tão familiar em Hogwarts. O veremos como um popular mestre do normalmente malfadado currículo de Defesa Contra as Artes das Trevas, ensinando seus alunos de olhos arregalados a enfrentar um Bicho-papão.

"Foi algo realmente maravilhoso", lembra Law. "As crianças que participam da cena ficaram tão empolgadas por estar lá, e David planejou a filmagem para que realmente tivesse o ritmo de uma aula. Meu pai e minha mãe são professores, então eu me inspirei nisso. Embora tenha sido uma experiência um pouco etérea fazer isso em Hogwarts.

Embora essa seja a variação mais jovem e refinada do poderoso bruxo, ainda era importante plantar as sementes do Dumbledore que estaria por vir. Mesmo antes de ler o roteiro, ficou claro para Law que ele estava começando uma jornada em que aprenderíamos como Dumbledore se tornou o grande bruxo que vemos nas histórias de Harry Potter.

Law ri. "No começo eu pensei que devesse evitar assistir a Harris ou Gambon. Mas não pude resistir. Era uma oportunidade muito óbvia para rever os filmes, o que foi muito divertido. Mas também só queria ver se havia algo que eu pudesse extrair deles, mesmo que fosse importante para todos nós não estarmos criando *aquele* Dumbledore conhecido. Estávamos criando o homem que se *tornaria* aquele Dumbledore.

COLLEEN ATWOOD FALA SOBRE ALVO DUMBLEDORE

Tendo em vista que agora conhecemos o professor Dumbledore mais jovem, o visual dele está muito distante das vestes fluidas e do chapéu caído dos filmes de Harry Potter. "Ele usa um tecido de tweed macio e um casaco de veludo pesado", diz Atwood, "há uma sensação de que é alguém mais acessível: ele é popular entre os alunos, um professor carinhoso."

No entanto, é nas cores, uma espécie de castanho com uma pitada de púrpura, que vemos uma singela sugestão da grande figura que está por vir. "É a mesma tonalidade profunda de seu figurino na série Harry Potter", observa Atwood. "Nada muito óbvio."

Na outra página: David Yates prepara Jude Law para sua cena no topo da Catedral de São Paulo; *(na página)* o globo celestial de Dumbledore. *Abaixo*: Leta e Dumbledore voltam para a sala de aula. *Na página:* Um livro-texto de Defesa Contra as Artes das Trevas.

O misterioso caso de
LETA LESTRANGE

Tão deslumbrante quanto inescrutável, Leta Lestrange é uma figura arrebatadora nas novas aventuras de Newt Scamander. Ao estabelecer-se no Ministério da Magia, ela é um exemplo de estilo entre as bruxas londrinas de 1927. Em outras palavras, ela consegue ser glamourosa sem fazer esforço. Interpretando essa bruxa estilosa está a atriz, cantora e modelo Zoë Kravitz, descendente da realeza do rock, filha de Lenny Kravitz.

Como todas as criações de J. K. Rowling, há muito mais sobre Leta abaixo de sua superfície impecável. A família Lestrange é sangue-puro, termo que identifica famílias ou indivíduos que não têm sangue trouxa. E se esse sobrenome soa familiar, saiba que entre os descendentes menos amistosos de Leta (mesmo que por casamento) está Belatriz Lestrange, que causará um enorme estrago nos filmes de Harry Potter.

"Quando a conhecemos, percebemos que ela é uma mulher lutando para emergir na luz, mas que é assombrada pelo seu passado", diz Jo. "Sua família lança essa enorme sombra sobre ela. Neste ponto da história bruxa, os Lestrange são a epítome da aristocracia puro-sangue."

Como pudemos ver Leta em uma fotografia no galpão de Newt — e Queenie rapidamente nota que Leta é "egoísta" — Kravitz precisou fazer um teste para a continuação, mesmo antes do primeiro filme ser lançado. Ela admite que recebeu muito pouca informação naquele momento.

Ela conhecia um pouco o legado de Leta a partir de Belatriz, e o fato de Helena Bonham Carter ser uma de suas atrizes favoritas ajudou bastante. Ela sabia para onde a família de Leta ia e tinha uma ideia do que significa ser puro-sangue. Também foi informada de que existia uma história entre Leta e Newt. Mas foi só isso. Quando avançou nos testes para o papel, teve a chance de fazer uma leitura com Eddie Redmayne.

"Ele preencheu algumas lacunas para mim", diz ela. "No entanto, naquele ponto, eu não acho que ninguém, além de Jo, realmente soubesse para onde Leta estava indo na história. Mas ele fez o melhor que pôde."

Nascida em Venice, Califórnia, Kravitz deu os primeiros passos de sua carreira como atriz em 2007 com a comédia culinária *Sem reservas*, e rapidamente alçou novos voos com um papel nos blockbusters: *X-Men: Primeira classe* (como Angel Salvatore, com superpoder de voar); os filmes da série *Divergente*, a ficção científica *Depois da Terra* e o clássico distópico *Mad Max: estrada da fúria*. Enfrentando as tribulações domésticas da série de TV *Big Little Lies* ela provou que também se sente à vontade imersa em dramas.

Kravitz mergulhou fundo em ser uma bruxa. Apesar de não ter tido muito contato com os livros de Harry Potter quando jovem, ela realmente gostou de fazer magia e se divertiu muito lançando feitiços. "Às vezes parece que estamos

À direita: Leta tem um momento amoroso com Theseus. *Abaixo:* Kravitz usa um dos figurinos incríveis de Colleen Atwood. *Na outra página, de cima para baixo:* Leta conjura um feitiço; a jovem Leta se mantém afastada dos outros alunos de Hogwarts; será que Leta ficará entre os dois irmãos Scamander?

realmente conjurando magia, já que todos são tão comprometidos com a história", diz ela.

Mesmo que Leta não seja uma mocinha, ela não é necessariamente má. "Em conflito" é uma maneira melhor de descrevê-la. Por ela ser uma Lestrange, o produtor David Heyman imagina que haja uma suposição automática de que Leta não é confiável.

"O nome da família Lestrange vem com uma série de expectativas e associações", diz ele, "então ela tem que viver com isso, e é uma personagem que certamente tem seu lado sombrio. Ela fez coisas ruins no passado. Mas isso não a define totalmente. Leta é alguém decente. Ela e Theseus, irmão de Newt, estão noivos. Mas Leta vive uma batalha interna entre o que as pessoas esperam dela e quem ela realmente é.

"Leta é bastante complicada", diz o diretor David Yates, "um pouco machucada e confusa... Ela é, de certa forma, uma figura trágica."

Em seu tempo como alunos de Hogwarts, quando eram apenas adolescentes, Leta e Newt acabaram desenvolvendo um vínculo especial. Como os dois eram deslocados, cada um à sua maneira, foram instintivamente atraídos um para o outro.

"A estranheza os une", explica Kravitz. "Pode ser que não faça sentido de cara, mas Newt é uma pessoa muito sensível que ama todo o tipo de criatura. Ele ama coisas que ninguém mais pode amar. E Leta tem um pouco disso, de muitas maneiras."

O que permanece da amizade dos dois será a origem de muita confusão romântica no segundo filme. Antes mesmo do filme começar, Leta já se envolveu com o irmão mais velho de Newt, Theseus. No entanto, pode ser que Newt ainda tenha uma compreensão muito melhor de Leta do que seu irmão.

"Emocionalmente, Leta está em um lugar onde ninguém quer estar", diz Kravitz, admitindo que é difícil atuar baseada em tudo isso. "Ela tem muita raiva de quem é. Precisei encontrar isso em mim — as coisas que não gosto em mim mesma. Mergulhar dentro e fora disso tem sido bastante intenso."

Leta também possui um segredo sobre sua própria família, um segredo que se relaciona misteriosamente com a busca de Credence para conhecer sua verdadeira identidade e lugar no mundo.

"É algo que se desenrola no decorrer do filme", diz Yates, "e isto é sempre uma coisa muito interessante de se investigar — a culpa e o que ela faz com você. A jornada de Leta vai chegar a lugares interessantes, estranhos e intensos."

COLLEEN ATWOOD SOBRE LETA LESTRANGE

"Leta precisava de um visual mais ligado à antiga aristocracia europeia, destoando das bruxas americanas", diz Atwood. "Ela tem uma certa decadência e glamour que se reflete nos ricos materiais de seu figurino. Ela não precisou tentar alcançar esse estilo. Já era algo verdadeiro dentro de Leta. Além disso, Zoë Kravitz pode vestir qualquer coisa. Ela é o tipo perfeito de pessoa para um figurinista."

STUART CRAIG - PRODUTOR DE ARTE

Stuart Craig descreve seu papel com simplicidade — ele dá o plano de fundo à história. Isso pode envolver a escolha de uma locação, a criação e construção de cenários e sets e o trabalho em colaboração com o departamento de efeitos visuais, que estende seus cenários até o horizonte. "Em seu significado mais amplo possível", diz ele.

Em outras palavras, ele transforma os voos altos de J. K. Rowling em realidade sólida e em três dimensões. Na verdade, o diretor de arte britânico com setenta e cinco anos e muitos prêmios, que trabalhou em todos os filmes de Harry Potter, é o grande responsável pela forma como enxergamos o Mundo Bruxo. O segredo, ele diz, é não considerá-lo mágico.

"Ao longo dos anos, trabalhamos com algo muito simples, que é tentar fazer com que as coisas pareçam reais, e a mágica, então, surgir disso. Assim, há uma surpresa e o resultado é muito eficaz. Nós não tentamos construir sets de fantasia. Tentamos deixar a fantasia nascer, de alguma forma, a partir dos sets."

Muito modesto, Craig é uma autoridade eloquente e fascinante sobre a criação e o funcionamento desse mundo. Antes de se familiarizar com o menino bruxo e sua notável criadora, ele ganhou o Oscar por *Gandhi*, *Ligações perigosas* e *O paciente inglês*. E Rowling o respeita tanto por ser um especialista no mundo que ela criou, que insiste que ele aprove todas as atrações do parque temático baseado em seus livros.

Com a mudança de época e variação de alguns aspectos, os filmes de *Animais fantásticos* lhe trouxeram novos desafios. Com os modernos arranha-céus de Nova York, o primeiro filme pareceu, na verdade, mais atual que Harry Potter, que na maior

Elenco e equipe ficam pequenos perto da grandeza criada por Craig para o porão de Newt.

parte do tempo estava estagnado em sua escola gótica. A sequência mistura essa sensação de progresso com o peso e a história de Londres e Paris em 1927. A história também expandiu seus horizontes.

"Há uma evolução", diz Craig. "A história dos dois casais continua, mas é dramaticamente alterada. Além disso, a trama principal, a história de Grindelwald e potencialmente essa guerra dos mundos que ele está tentando iniciar, é uma grande evolução daquele breve vislumbre que tivemos no final do primeiro filme."

Qualquer coisa que Rowling concebe no papel terá um toque da magia de Craig antes de chegar aos cinemas. Ele fornece muitos toques de alguém que pensa fora da caixa, que transformam o trabalho em algo muito maior do que um simples filme de fantasia. Uma tarefa que se estende desde meses de concepção e pré-produção até a pós-produção, na qual ele faz uma checagem com a equipe de efeitos visuais para garantir que as extensões de seus cenários sejam "compatíveis com o que está em primeiro plano" e com o design arquitetônico que ele criou.

"Stuart é um gênio, sem sombra de dúvida", diz o gerente de construção Paul Hayes. "Sua visão é incomparável. Ele se senta e faz um pequeno esboço, às vezes apenas um desenho a lápis que me entrega, e nós começamos a trabalhar partindo desse desenho.

"Estamos tentando manter os efeitos sem computador o máximo possível", diz o diretor de arte Martin Foley. "Stuart sempre projeta a coisa toda e, então, nós a reduzimos para algo que seja rentável. Mas Stuart está sempre tentando ultrapassar as barreiras. Sets completos são ótimos; facilitam a filmagem, pois você pode simplesmente girar a câmera e olhar para o outro lado.

Por sua vez, Craig diz que Rowling ainda consegue surpreendê-lo. No início deste filme, por

Acima: Stuart Craig e J. K. Rowling andam pelas ruas da Paris que criaram juntos.

Em sentido horário, do topo à esquerda: Craig compartilha suas ideias com David Yates enquanto eles veem os desenhos do importante set do anfiteatro; filmando uma das cenas do clímax, no set externo do Mausoléu; design complexo de set para a loja bruxa Maison Capenoir; parte do set na Paris trouxa.

exemplo, ela apresenta Dumbledore no telhado da Catedral de São Paulo. "Essa é uma imagem realmente arrebatadora", ele aprecia.

Como os filmes de *Animais fantásticos* são baseados em roteiros originais, em vez de adaptados de livros pré-existentes, há muito mais colaboração entre a autora, o diretor de arte e o diretor. Rowling é uma visitante frequente do departamento de arte, no qual eles montaram uma exposição permanente de material de pesquisa, incluindo esboços conceituais que evoluem à medida que o roteiro se desenvolve.

"Essas imagens estão na ordem dos acontecimentos e você pode ver a justaposição de certas coisas", explica Craig. "Jo testemunha tudo isso, e ela é guiada junto conosco, da mesma forma que nós somos guiados por suas instruções."

Ele alguma vez imaginou que ficaria imerso no mundo criado por Rowling por dezessete anos? Craig ri. "Não faço ideia se alguma vez imaginei, mas o resultado tem sido incrível. Foi muito satisfatório começar com um universo e continuar adicionando informação nele. É um privilégio que diretores de arte normalmente não têm."

Além disso, ele deve ter em mente que existem mais três aventuras de Newt Scamander por vir. "Sim, é um problema real", ele admite. "Houve momentos em que David Yates ou David Heyman disseram a Jo: 'Estamos prestes a jogar isto fora, existe alguma razão pela qual não devemos?' Mas Jo obviamente planejou tudo isso. Você não poderia embarcar nesse mundo a menos que soubesse o fim."

Assim como todos nós, ele está ansioso para saber para onde eles podem estar indo em seguida. "Para mim, esta jornada pela história da arquitetura é um presente absolutamente espetacular. Não poderia ser mais interessante."

COLLEEN ATWOOD - FIGURINISTA

A incrível figurinista Colleen Atwood admite que foi estranho voltar ao mundo de *Animais fantásticos* após ganhar o Oscar pelo primeiro filme. Foi uma grande honra, claro, mas tudo o que ela conseguia pensar era no que estava por vir. Mesmo depois de ganhar seu quarto Oscar dentre doze indicações (desde *Adoráveis mulheres*, em 1995), ela explica em seu estilo inigualável e direto de falar, a cada novo filme que você precisa "elevar seu trabalho".

E J.K. Rowling naturalmente lhe deu uma série de desafios novos e fascinantes.

O segundo filme alcança muito mais ambientes do que o primeiro: passa de Nova York a Londres e segue para Paris, incluindo três Ministérios da Magia, um estilo inteiro de indumentária parisiense, um circo pouco atraente, um alquimista quase imortal e um breve retorno a Hogwarts, além do Professor Dumbledore em sua elegante afetação, interpretado por Jude Law. A história seguiu em frente, com a moda na vanguarda. Além disso, cada um dos personagens principais estava evoluindo e se aprofundando, exigindo um repensar em termos de figurino. "Definitivamente houve algumas surpresas", ri Atwood. "Paris é um pouco mais glamourosa e temos filmagens nas ruas, grandes cenas com roupas em destaque. Há muito mais do que uma conexão com o mundo Potter. Além disso, há o surgimento de novas personalidades na história. Foi como começar um novo filme totalmente do zero.

No geral, tudo estava ligeiramente mais sombrio, com uma sensação de que as trevas estão à espreita. "Você sente a sombra do mal", diz ela. "Há neblina. Há muita névoa no filme: mais trabalho noturno, uma nova abordagem dramática."

Tendo trabalhado em mais de setenta filmes, nada pode abalar Atwood, que nasceu em Seattle. Ela é um milagre da multitarefa. Enquanto voltava para o segundo filme de *Animais fantásticos*, ela simultaneamente desenhava trajes para a releitura de *Dumbo*, do seu colega de longa data Tim Burton, bem como para uma nova adaptação do videogame *Tomb Raider*. Ela ainda se deleita com a oportunidade de "exploração" que seu trabalho oferece.

O ponto de partida de Atwood com qualquer novo filme é duplo: analisar detalhadamente o roteiro (simplesmente: quais figurinos serão necessários) e uma conversa com o diretor sobre como ele ou ela vê aquele universo. "Então vou ver o que o departamento de arte está fazendo. Que mundo eles estão criando?"

Rowling, ela diz, ocasionalmente lhe faz uma visita, comenta algumas coisas e então vai embora. "É como se ela estivesse magicamente lá e então já não está mais". A figurinista está claramente impressionada. "Ela é uma mulher muito dinâmica — vem nos grandes momentos e depois parte para a próxima."

Focada na época do filme, Atwood pesquisa fotografias de pessoas em diferentes ambientes, em busca do gatilho de sua inspiração. Felizmente, ela conhecia um pesquisador em Nova York que era francês e conhecia muito bem a história de Paris, que dominaria o novo filme.

Não há necessidade de se manter fielmente ao ano em questão. Algumas pessoas ainda podem estar "vivendo em seu próprio tempo", o que poderia ser dez anos antes, enquanto outras poderiam estar "anos à frente". O filme é ambientado em 1927, mas muitos de seus figurinos já estão se fundindo com os dos anos trinta.

Em termos de locação, Londres ostentava essa sensação de suspense, o que David Yates chamou de "inclinação aos filmes *noir*". Atwood analisou o clássico de 1949, *O terceiro homem*. "Além disso, me concentrei muito nas silhuetas", diz ela. "Especialmente quando você está nessa luz baixa e nebulosa, a silhueta de um figurino é realmente importante".

Na outra página: a roupa de Dumbledore é feita com um tweed macio, para que ele seja mais acessível. *Na página*: Skender, diretor do Circo Arcanus, se veste para impressionar.

Silhuetas são a chave para a criação dos figurinos. Você precisa de uma variedade de formas diferentes em uma cena. "Caso contrário, pode ficar tudo muito genérico", insiste Atwood. "E nós estamos tentando dar identidade a um personagem". Os bruxos têm o que ela chama de "uma silhueta mais forte".

Paris nos anos vinte ofereceu o que ela chama de "um pouco mais de modernismo" do que Londres proporcionou. "Sabe, mentalmente." Com Nova York no último filme, estávamos no auge dos anos vinte, a era das melindrosas, cujas referências eram instantaneamente reconhecíveis. Em Paris, as saias são um pouco mais compridas, os vestidos têm linhas mais fortes e as silhuetas são muito mais ajustadas.

"É um pouco mais sensual do que o período anterior", diz Atwood. "É Paris, então eu posso me safar mostrando um pouco mais aqui."

Enquanto isso, as roupas masculinas estão um pouco mais sob medida, as calças um pouco mais largas. "Há apenas diferenças sutis, mas elas contribuem para um pouco mais de fluxo e movimento, e um ombro mais quadrado".

A "combinação arenosa" de cenários mágicos com as diferentes classes sociais que haviam na cidade exigiu que Atwood olhasse para o submundo parisiense, sensual e musical, bem como para o lado mais abastado da cidade. Por exemplo, o Circo Arcanus, que Atwood define como um "circo noturno" e muito distante de seu trabalho de antes, em filmes de Tim Burton como *Peixe grande e suas histórias maravilhosas*.

Como toda localização principal, Paris também veio com sua própria paleta de cores, na qual os figurinos são projetados para acentuar as cores, como o vermelho nos toldos das lojas. Tal como acontece com as silhuetas, a cor é outro ingrediente crucial no processo de Atwood.

"Eu sinto a cor dos personagens enquanto penso neles. É difícil explicar, mas especialmente com os quatro personagens principais, que muitas vezes compartilham a mesma tela, você quer ter certeza de que eles não estão lutando entre si visualmente."

No geral, ela tem tentado "se afastar um pouco do preto". Em vez disso, há tons profundos de joias para muitas pessoas mágicas. Verdes es-

Acima: Queenie e Jacob em meio à multidão. *Na outra página*: Atwood fala com Yates sobre um de seus figurinos. *Na página*: Claudia Kim vestida com o figurino do Maledictus.

curos, azuis escuros. Zoë Kravitz, interpretando Leta Lestrange, tem um vestido que é uma deliciosa cereja temperamental.

De fato, Kravitz ficou impressionada com a forma como todas as cores de Atwood funcionavam em uníssono. "Quando eu finalmente fiz uma cena com muitos do elenco juntos, percebi o quanto ela pensava sobre isso. Como eles são diferentes e porque são diferentes. Colleen é simplesmente uma artista.

"É também por conta da iluminação", observa Atwood. "Você precisa destacar certas cores e subjugar outras."

As máquinas de costura de seu departamento começam seu coro cerca de quatro meses antes do início das filmagens. Atwood insiste que é até pouco para um filme nessa escala. Com cada figurino sob medida, ela terá uma conversa com cada ator sobre como ele vê seu personagem: "Às vezes eles são muito específicos sobre a cor, a forma ou a direção que seu traje deve tomar." Johnny Depp gosta especialmente de construir seu personagem em torno da dramaticidade dos seu trajes.

Atwood lhes descreve sua visão sobre o filme. Não apenas pelo figurino, mas pelo universo do filme como um todo. Se tudo correr como esperado, eles se empolgarão com os desenhos e tecidos que ela pretende usar.

Para abastecer seu acervo com peças feitas a mão, sua equipe se aventurou aos famosos figurinistas Tirelli e Peruzzi, na Itália e na Espanha. Eles também invadiram os muitos mercados de pulgas de Paris (e o e-Bay).

"Eu precisava de uma quantidade enorme de roupas", diz Atwood, que estima que cinco mil figurinos foram produzidos, comprados ou contratados para o filme. Enquanto isso, o departamento de intemperismo está freneticamente adicionando buracos, permitindo que a máquina de lavar ofusque seus adoráveis tecidos e então os alvejando e pintando em cima deles. Tudo para dar a qualidade vivida e desgastada que Yates está procurando. Pode ser um novo filme, mas nada pode parecer novo.

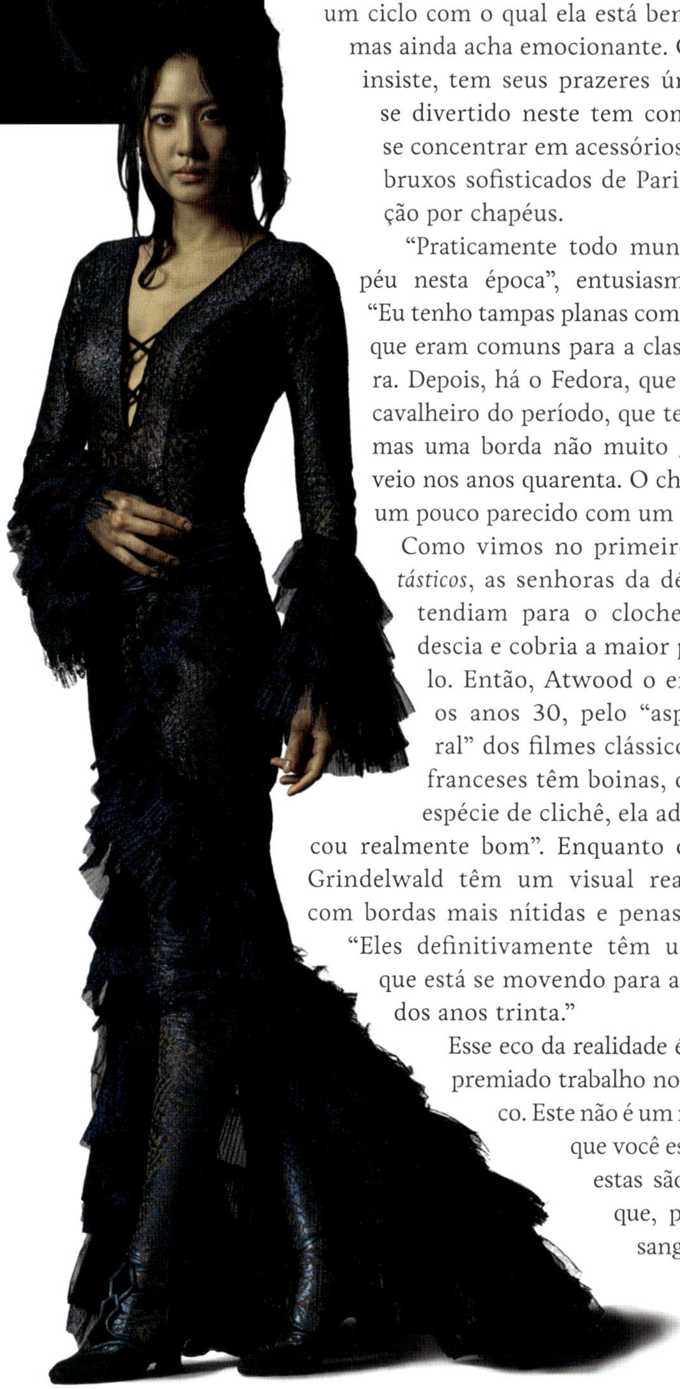

Uma vez que a produção tem início, o dia de Atwood é gasto indo e voltando entre o set e sua oficina, onde novos trajes estão sendo criados. É um ciclo com o qual ela está bem acostumada, mas ainda acha emocionante. Cada filme, ela insiste, tem seus prazeres únicos. Ela tem se divertido neste tem com a chance de se concentrar em acessórios de cabeça. Os bruxos sofisticados de Paris têm predileção por chapéus.

"Praticamente todo mundo usava chapéu nesta época", entusiasma-se Atwood. "Eu tenho tampas planas com pequenas abas que eram comuns para a classe trabalhadora. Depois, há o Fedora, que é o chapéu de cavalheiro do período, que tem topos altos, mas uma borda não muito grande — que veio nos anos quarenta. O chapéu de Jude é um pouco parecido com um Trilby."

Como vimos no primeiro *Animais fantásticos*, as senhoras da década de 1920 tendiam para o cloche, chapéu que descia e cobria a maior parte do cabelo. Então, Atwood o empurrou para os anos 30, pelo "aspecto escultural" dos filmes clássicos. Os aurores franceses têm boinas, o que era uma espécie de clichê, ela admite, "mas ficou realmente bom". Enquanto os acólitos de Grindelwald têm um visual realmente legal, com bordas mais nítidas e penas pontiagudas. "Eles definitivamente têm uma aparência que está se movendo para a parte fascista dos anos trinta."

Esse eco da realidade é vital para seu premiado trabalho no Mundo Mágico. Este não é um mundo mágico que você está projetando; estas são pessoas reais que, por acaso, têm sangue mágico.

PARIS

TRAZENDO PARIS PARA LEAVESDEN

ART NOUVEAU

Enquanto o primeiro filme de *Animais fantásticos* levou Newt Scamander à metrópole brilhante que é Nova York, o segundo levará nosso herói pelas avenidas de Paris. Parece que um padrão foi estabelecido: a cada nova aventura, J.K. Rowling enviará Newt, seus companheiros e, sem dúvida, um Pelúcio ou dois, para explorar uma nova cidade em algum lugar do mundo. Cada cenário dará ao novo filme uma personalidade própria.

"Os filmes de Harry Potter criaram raízes majoritariamente na Grã-Bretanha", aponta o produtor David Heyman. "Mas o mundo de Jo é tão ricamente concebido, é um prazer vê-lo crescer para se tornar mais uma história global."

Para Rowling, esta tem sido uma das grandes glórias e alegrias da série *Animais fantásticos*. Explorar diferentes países e todos os aspectos do Mundo Bruxo. "É tão libertador poder entrar nesses lugares diferentes", diz ela. "Então, por que Paris? Estamos nos anos 1920; tinha que ser Paris. Claro que tinha que ser Paris. No sentido sexual, no sentido racial, a comunidade artística era muito mais diversificada, em todos os sentidos, do que você encontraria na maioria das outras cidades nessa época. No filme, quando você entra em Paris, já sente que a membrana que isola o Mundo Bruxo é muito mais fina do que em Nova York. A cultura é diferente, tanto no mundo trouxa como no mágico.

Além disso, para os cineastas, era uma cidade que poderia ser recriada no estúdio da Warner Bros., em Leavesden, a poucos quilômetros de Watford.

Newt e Jacob encontram Yusuf Kama, cercados por todos os aparatos de filmagem.

ER
PLA JOUR
PANAVISION

Acima: Trilhas são cuidadosamente colocadas na rua de paralelepípedos para permitir que a câmera dê zoom suavemente nos atores enquanto eles caminham pelo set. *Abaixo*: Cartão postal ilustrando os encantos de Paris.

Quando Rowling deixou claro para Heyman e para o diretor David Yates que sua próxima parada seria Paris, eles ficaram emocionados. "A Paris dos anos vinte foi um verdadeiro caldeirão de ideias nos âmbitos criativos, artísticos e sociais", observa Yates. "Foi um momento muito vibrante. É um lugar magnífico que se contextualiza nessa história."

Houve também um contraste imediato com Nova York: a modernidade ligada ao céu foi substituída por séculos de história e arquitetura. Paris era a nata das cidades europeias: romântica, clássica e ainda mais sinistra.

"A Paris em que montamos acampamento é um pouco diferente da Paris que todos conhecem hoje", diz Heyman. "A cidade ainda não tinha sido limpa, como aconteceu nos anos oitenta. É um pouco mais cinza, mas ainda é linda, com suas largas avenidas e becos secretos. Ainda é a Paris das *boulangeries* e das confeitarias, mas ao mesmo tempo é mágica à sua maneira."

A equipe de design teve como ponto de partida a cidade expansiva que surgiu a partir da reforma urbana realizada pelo prefeito Georges-Eugène Haussmann no início da década de 1850. "Paris de Haussmann", como ficou conhecida, substituiu os distritos medievais, malcheirosos e desorganizados, pelas avenidas e praças extravagantes que passaram a definir a cidade. Paris dobrou seu tamanho em questão de meses.

"Esses longos terraços de prédios elegantes são a marca registrada da Paris de Haussmann", elogia o diretor de arte Stuart Craig. "O *Art Nouveau* foi desenvolvido como um estilo, e essa foi uma maneira potencialmente muito empolgante de registrarmos Paris."

Art Nouveau foi um movimento do século XIX que buscava formas naturais na arquitetura e nas artes. O encurvamento gracioso de um ramo ou o pescoço de um pássaro eram temas comuns, ou painéis de vidro em moldes semelhantes a folhas ou pétalas. O estilo surgiu em Paris, marcando até as próprias placas das ruas, a tipografia nos jornais e a publicidade.

Acima, em sentido horário, do topo à esquerda*: uma loja trouxa de vinhos, bastante decorada; o jornal bruxo francês, *O Grito da Gárgula*; Arte conceitual de Peter Popken mostrando o elevador que vai dar no Ministério da Magia Francês; uma série de pôsteres parisienses.

“O que realmente impressiona nas primeiras obras *Art Nouveau* que surgiram é que tudo é desenhado à mão”, diz a designer gráfica Miraphora Mina. “Isso nos pressiona um pouco em termos de estilo. Tudo era muito ligado à técnicas de pintura.”

Várias viagens para a capital francesa foram necessárias para os familiarizar não só com a aparência da cidade, mas também com sua geografia.

Rowling fizera suas próprias viagens de pesquisa para a capital parisiense, escolhendo locais e marcos genuínos. A equipe de design acabou seguindo seus passos como se estivesse em uma caça ao tesouro, descobrindo o ângulo exato de onde ela estava olhando a Basílica de *Sacré Coeur* ou a *Rue de Montmorency*, mas também fazendo suas próprias sondagens sobre o que fazia Paris, bem, tão parisiense.

Eles também contrataram em tempo integral o pesquisador visual Phil Clark, que durante vários meses estabeleceu um extenso acervo de fotos, bem como layouts de interiores e exteriores. “Há muito material”, admira-se Craig. “É quase mais difícil fazer nosso trabalho hoje em dia, porque as opções são diversas e das mais variadas.”

“Fui especialmente tocada pelas fotos de Atget”, diz a decoradora Anna Pinnock, referindo-se a Eugène Atget, pioneiro fotógrafo francês da época. “Eu quase podia sentir o cheiro da umidade e a poeira!”

Yates estava decidido a filmar no local, e eles discutiram muito a possibilidade durante a pré-produção.

“Acho que ele acharia isso uma mudança refrescante”, reflete Craig.

Sue Quinn, a gerente de locação, até fez uma viagem para checar se a cidade de Bordeaux poderia fazer as vezes de Paris. Mas, assim como no último filme, em Nova York, eles perceberam que, embora Paris ainda tivesse seus amplos terraços e os blocos de apartamentos de Haussmann, todas as lojas e ruas estariam repletas de modernidade. Teria sido

preciso um enorme esforço para transformar todo e qualquer local não apenas em uma autêntica Paris de 1927, mas também em seu alter ego mágico.

"Houve duas razões pelas quais não fomos a Paris", diz Heyman. "Primeiro, ela não se parecia, no filme, com a Paris de hoje em dia. Está tudo novo e limpo. E nós estamos em 1927: tudo era muito mais encardido. Você ainda tinha poluição em todos os edifícios. Em segundo lugar, isso nos dá muito mais controle. Isso nos dá a capacidade de fazer Paris como queremos que seja, e não apenas como é."

Isso, Craig entende, é a principal vantagem de construir sua própria capital europeia. "Permite que façamos todas as escolhas, tanto o diretor quanto o pessoal da arte. Não há nenhuma dessas coisas estranhas que surgem na tela aleatoriamente, porque fazem parte de um local que existe de verdade."

O FORMATO DO SET

Ocupando grande parte do set de 100 acres em Leavesden, que ainda inclui a pista da época em que era usado como campo de aviação, Paris foi construída sobre as pegadas deixadas por Nova York no primeiro filme. "Como as ruas de Nova York também eram pavimentadas", explica Craig, "fazia muito sentido simplesmente criar Paris em cima do que fora nossa Nova York e usar as mesmas ruas de paralelepípedos".

Os edifícios, é claro, tinham que ser totalmente reconstruídos a uma altura de dez metros (com efeitos visuais estendendo-os para cima e para os lados), mas o enorme set, com quase duzentos e cinquenta metros de extensão, ainda seguia o mesmo layout em forma de T que tivemos em Nova York. "A parte superior do T é a área mais

Credence e o Maledictus aproveitam um momento de tranquilidade juntos, no topo de seu esconderijo, nessa arte conceitual de Peter Popken.

cara e sofisticada, onde encontramos os terraços de apartamentos no estilo Haussmann", diz Craig, observando que é nesse local que Grindelwald ocupa um apartamento. "E, em seguida, o tronco longo do T representa os distritos mais pobres, ou com alguns aspectos mais pobres."

Na parte inferior, há uma seção para a casa de Nicolau Flamel, o alquimista de seiscentos anos. Rowling havia especificado a *Rue de Montmorency*, onde o verdadeiro Flamel vivera e supostamente mexia com uma ciência excêntrica.

Para a designer gráfica Miraphora Mina, era importante ter em mente que qualquer coisa que você visse naquelas ruas deveria estar lá há pelo menos vinte anos. O que significava levar sua pesquisa de volta no tempo aos estilos extravagantes da *Belle Époque* (1871-1914).

A equipe de design gráfico tinha as mãos cheias, preenchendo as colunas Morris usadas para publicidade de rua, e os mictórios públicos também conhecidos como "*pissoirs*", para não dizer a profusão de lojas, bares e restaurantes.

"As pessoas simplesmente ficaram loucas com os anúncios no estilo 'olhe-para-mim'" diz o designer gráfico Eduardo Lima. "Algumas das referências que vimos traziam uma publicidade enorme, cobrindo os lados dos edifícios."

Um mercado de aves movimentado se encontra no aterro do Sena (feito digitalmente). "O rio é uma parte tão grande de Paris", diz Craig. "A imagem do rio e de suas grandes trilhas laterais. É tão marcante. Por isso, colocamos o mercado de aves ali mesmo, apenas para acrescentar ao filme outra característica impressionante de Paris."

Originários do início do século XIX, esses mercados parisienses ao ar livre proporcionam um verdadeiro arco-íris de periquitos, canários, maritacas e papagaios, além de galinhas e galos. Todos aprisionados em um conjunto espalhafatoso de gaiolas. O som de sua música coletiva é encantador e desolador; um simbolismo que não passa despercebido por Credence.

Em questões práticas, foi um grande desafio para o pessoal da decoração de cenários, exigindo um grande número de aves reais.

"Eram literalmente gaiolas e gaiolas com centenas de pássaros", lembra Mina. "Mas o que eles não pensaram era que todos os pássaros trazidos eram britânicos. E algumas dessas aves podem falar. Então eles estão dizendo: 'Olá, olá! Bom dia, bom dia!' Em *inglês*. E nós estamos em Paris! É uma daquelas coisas que você simplesmente não pensa. Eles terão que dublar as vozes das aves francesas: "Bonjour, bonjour! Salut! "

Apesar de todos os esforços de Haussmann para levar luz e ar às ruas, fora das áreas centrais de Paris a cidade ainda era um lugar muito pouco modernizado, no estilo do século XIX. Havia uma atmosfera escura e misteriosa em seus becos, escadas e interiores.

"Havia uma enorme variedade de estilos de interiores para explorar", diz ela. "Era como uma grande tabela que nos dava muita liberdade para fazer reviravoltas mágicas sutis e mudanças no nosso cenário criado para o Mundo Bruxo."

Enquanto Nova York tinha fronteiras bastante destacadas entre lugares mágicos e não-mágicos, Paris parece levar uma vida dupla. Sempre que um personagem faz a transição para a variação mágica na rua, as mesmas ruas precisaram ser redesenhadas de acordo.

UM MUNDO EM DOBRO

Há uma Paris dentro de Paris que só pode ser acessada por bruxos (ou se você estiver acompanhado de um bruxo). Como em Nova York e Londres, isso significava aproveitar elementos e aspectos reais da cidade e dar a eles uma reviravolta mágica, como foi feito no distrito comercial de *Place Cachée*.

Essa é uma das coisas que Eddie Redmayne acha mais inebriantes no mundo de J.K. Rowling. "Todos nós vivemos em cidades, mas a ideia de que você pode encontrar um mundo mágico se olhar sob a superfície é uma ideia tão escapista.

Acima: Usando um gatinho de brinquedo, Newt tenta atrair o Zouwu para dentro de sua maleta. *Na outra página*: Uma extensão de set feita por Christian Huband, de uma tomada em segundo plano que vai fazer parte da maioria das cenas do Circo Arcanus. *Na página*: Designs para os azulejos das cervejarias.

E Paris é a tapeçaria perfeita para Jo começar a desdobrar suavemente esse outro mundo cheio de coisas caprichosas e extraordinárias."

A questão para a equipe, certamente formada por verdadeiros estudantes da lógica mágica, não era como retratar uma Paris mágica, mas *onde* exatamente se escondia essa Paris mágica? Ficou decidido que as mesmas lojas, cafés e bares têm uma versão mágica e uma não-mágica, exigindo uma mudança significativa no visual dos sets.

Para a pele mágica da cidade, eles criaram uma loja de caldeirões como se fosse uma loja de artigos de culinária, com diferentes tipos de equipamentos de cozinha feitos de cobre. "Mas de uma forma muito mágica", diz o modelador de adereços Pierre Bohanna, "com alguns moldes de gelatina realmente loucos em forma de peixe e dragão."

Eles estavam em busca não só de variações bruxas daquela época, mas de versões bruxas de coisas e hábitos da França. "Os franceses têm uma maneira um pouco diferente de pensar sobre as coisas", ri Bohanna. "Então, estávamos pensando em coisas como o equipamento de Quadribol francês."

Há algumas belas vassouras no estilo *Art Nouveau* penduradas na vitrine de uma loja de quadribol. E equipamentos realmente insanos em meio a todos os suprimentos mágicos: cristais, telescópios e engenhocas científicas. "Todo tipo de coisa esquisita e maluca", diz Bohanna.

A loja de varinhas é muito grande, com uma vitrine no estilo das joalherias Cartier.

"Tivemos uma pessoa fazendo apenas a sinalização para o filme", diz Mina. "Isso inclui cartazes, placas penduradas, toldos, propagandas e, às vezes, pintura em vidro para cada loja. E tudo em dobro, por conta dessa mudança do mundo trouxa para o mágico."

Esta é uma extensão na proporção de uma cidade da ideia por trás da Plataforma Nove e Meia na Estação King's Cross. Uma versão mágica do mesmo lugar, que existe em paralelo, mas é invisível para os trouxas. O mesmo se aplica ao MACUSA que ocupa uma dimensão alternativa do Woolworth Building.

O portal para este mundo é encontrado em Montmartre, perto da Sacré Coeur, onde há a estátua de pedra de uma mulher sobre um pedestal. Você simplesmente anda pelo pedestal e passa para a Paris mágica.

"Parece mesmo que os dois lados coexistem", diz Heyman, "o resultado ficou bastante orgânico".

TINA GOLDSTEIN

se fortalece

Em relação ao Mundo Bruxo, as coisas estão melhorando para Tina. Nos meses após a partida de Newt de Nova York, ela foi reintegrada como auror — o esquadrão de elite da comunidade bruxa — e reencontrou seu talento tanto para a magia quanto para investigações. No MACUSA, Tina agora é vista como uma bruxa muito poderosa.

"Ela tem seu antigo emprego de volta e está no meio de uma missão", conta Katherine Waterston. "De volta à sua vocação, e está prosperando nessa posição. O que Tina aprendeu no primeiro filme foi que, mesmo quando estava nervosa sobre o que iria acontecer com sua carreira, ela nunca perdeu a confiança em seus instintos, o que a levou à prisão de Grindelwald. A confiança característica dela sempre esteve lá. Só estava um pouco abalada."

Uma investigadora extremamente esperta, Tina acabou seguindo suas pistas até Paris, no que Waterston classifica como uma missão "altruísta". Ela ainda está determinada a encontrar Credence, o órfão maltratado que abriga dentro de si um Obscurus mortal. "É um pouco incerto se o MACUSA sabe do paradeiro dela", diz Waterston. "Tina não tem tanta certeza de que aprovariam seu desejo de salvar Credence. Eles o estão procurando por um motivo diferente."

A empatia de Tina pelo jovem Credence é algo que faz parte do coração da personagem. O fato de ela e Queenie terem ficado órfãs muito jovens fez com que Tina carregasse a responsabilidade de cuidar da sua irmã, mas ela expande essa tarefa para além da família. "Uma criança em apuros, esse é o calcanhar de Aquiles dela", admite Waterston. "Tina é capaz quebrar todas as regras para ajudar a proteger qualquer criança. Isso foi o que inicialmente a fez se aproximar de Credence. No final do primeiro filme, Tina prometeu ao rapaz que ela e Newt iriam protegê-lo e ela não é alguém que descumpre promessas."

Nos dois anos entre os filmes de *Animais fantásticos*, Waterston quase não parou para respirar. Ela enfrentou o terror espacial em *Alien: Covenant* e muitos crimes e trapaças em *Logan Lucky: roubo em família*, além de atuar em outros três dramas independentes. Encorajada pela recepção ao primeiro filme, a atriz se sentiu que realmente entendia tudo o que se passava sob aquela aparência descolada de Tina, especialmente sua conexão com Newt.

Mas na área do amor, as coisas não poderiam estar piores para Tina. O Oceano Atlântico os separou, mas pelo menos eles ainda trocavam correspondências. Isso terminou abruptamente quando Tina descobriu que Newt estava noivo de Leta Lestrange (aquela bruxa cuja foto Newt mantinha em seu galpão). Isso tudo é um mal-entendido hilário, é claro, mas a comunicação nunca foi um ponto forte desse casal.

"Tina tem que seguir em frente com sua vida", reflete Waterston. "Ela tem o trabalho, e dedicar-se a ele é a forma que encontra de lidar com questões dolorosas. Então, lá vai Tina para Paris. Mas então Newt aparece e ameaça atrapalhar sua investigação enquanto a persegue insistindo que ela ouça sua versão sobre o que aconteceu.

ENCHANTED DISPATCHES TO THE AMERICAN WIZARD

THE NEW YORK GHOST

EXCLUSIVE ★ EXCLUSIVE FEARLESS PORPENTINA GOLDSTEIN (RE)APPOINTED AS AUROR

GRINDELWALD EXTRADITION DATE CONFIRMED

President Picquery to award Ms. Goldstein

CULTURE

SPORTS

DO NOT FORGET TO OBLIVIATE!

INTERNATIONAL CONFEDERATION OF WIZARDS SUMMIT TO TAKE PLACE IN LONDON

WEATHER

GAMES

No final, a tão esperada reunião do casal excêntrico pode não ser tão romântica quanto os fãs imaginavam. "Há uma chance real de Tina acabar acertando um chute nas canelas de Newt", diz Waterston. "Ela está brava e acha que foi abandonada. E é muito orgulhosa, então tenta disfarçar o quanto está machucada, mas é claro que ele [Newt] pode ver através disso."

Esta relação bagunçada é outro exemplo maravilhoso do que é tão real na escrita de J. K. Rowling. As questões amorosas vão além do que os feitiços podem curar. E enquanto os vários perigos surgem nas ruas de Paris, Tina descobre que está mais uma vez se divertindo na companhia de Newt. "É, 'Oh, Deus, é divertido estar perto desse rapaz', e ela tem que lidar com o fato de que ele é maravilhoso e ela não pode tê-lo".

Para aumentar os problemas de Tina, há as suas questões com Queenie. Basta dizer que as teimosas irmãs Goldstein não têm a mesma opinião sobre os intensos planos matrimoniais de Queenie em relação a Jacob.

"Foi uma grande responsabilidade tanto para Alison quanto para mim", diz Waterston, "trazer verdade a essa história que você não espera que aconteça. O racha no relacionamento das duas é uma perda sem tamanho para Tina. O filme como um todo realmente explora lições importantes sobre como lidar e enfrentar os relacionamentos conturbados da vida. De certa forma, enquanto Tina está desesperadamente tentando salvar Credence, perde algumas oportunidades de reparar seu relacionamento com Queenie antes que seja tarde demais."

A singularidade de Tina pode ser vista em seu novo visual. Ela usa um longo casaco de couro como os usados pelos detetives clássicos do cinema. Isso faz com que ela emane uma aura de poder. Você não ia querer mexer com essa moça. Mas tudo também é como uma armadura, protegendo seu coração frágil.

Ela está ostentando um corte de cabelo mais elegante também, com ondulações em suas bochechas.

"No primeiro filme, o cabelo dela era tão direto e simples", diz Waterston. "Para o novo filme, eu estava pensando em como o romance com Newt acabou despertando essa parte de sua vida. Tina agora tem certa consciência de si mesma como alguém que poderia ser atraente. Eu pensei que, pela primeira vez na vida, ela iria a um salão de beleza."

COLLEEN ATWOOD FALA SOBRE TINA

Tina agora está totalmente focada em sua profissão. "Ela é uma mulher mais poderosa", diz Atwood. Eles haviam tentado um vestido nos moldes do estilo de Serafina Picquery, do MACUSA, mas Waterston sentiu que deveriam deixá-la continuar com as calças. "Mesmo que Tina tenha ficado mais confiante, isso não significa que ela se tornou uma pessoa diferente", diz Atwood. "E quando vimos o sobretudo, ficou tão bonito com as calças que ela acabou usando-as novamente."

O sobretudo é impressionante e pesado. "Simplesmente colocá-lo todos os dias já dava trabalho", diz Waterston, mas admite que a peça ajuda a definir seu personagem. "Tina tem mais autoridade agora."

Atwood ficou satisfeita com o resultado. "Com esse incrível sobretudo de couro azul e de cintura fina, Tina parece uma verdadeira detetive."

Da esquerda para a direita: Tina e Newt entram no comício de Grindelwald; a recolocação de Tina no Ministério ganha as primeiras páginas; Newt segura a capa do jornal de Tina; Tina acaba presa no covil de Kama; a revista *Enfeitiçado* causa um grande mal-entendido. *Na página*: Um novo figurino para seu novo posto como Auror.

FAE HAMMOND - CABELO & MAQUIAGEM

Retornando à saga *Animais fantásticos*, Fae Hammond agora sente que está vivendo uma jornada junto a esses personagens. "É como uma segunda temporada", diz a designer de cabelo e maquiagem, "com nosso fiel elenco do primeiro filme e muitos rostos novos. Viemos para a Europa, e nós avaliamos cuidadosamente a influência europeia em todo o filme, e o efeito que isso tem em nossos personagens. Há definitivamente uma sensação diferente dessa vez."

Há quase quatro décadas, Hammond trabalha para fazer os atores ficarem com uma boa aparência (ou uma má aparência, se necessário). Sua carreira se estabeleceu no cinema britânico, em

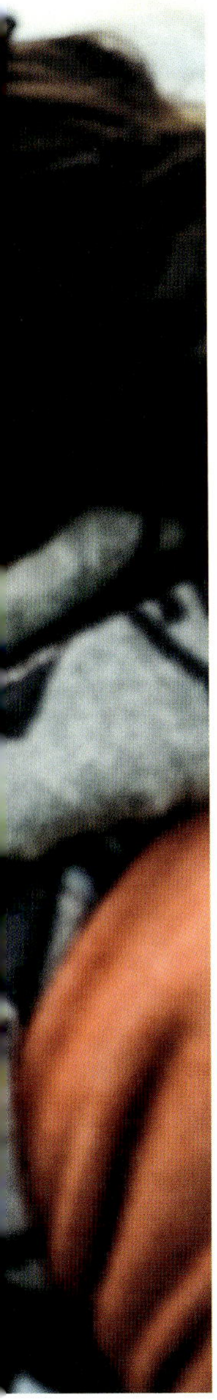

diversos filmes como *Nem tudo é o que parece*, *Violento e profano* e *Orgulho e preconceito*. Mas ela gostou de ir trabalhar com mundos maiores.

"É ótimo ter minha equipe de volta", diz ela, "com os mesmos artistas fazendo as mesmas pessoas novamente. Todos se conheciam, o que é uma coisa ótima. Você apenas continua de onde parou."

Em um dia agitado, com até quinhentos figurantes no set, eles reservam três trailers para a maquiagem, diz Hammond. "Todos cheios até as tampas." No entanto, normalmente ela tem seu grupo de oito colaboradores de confiança (para os atores principais), adicionando um "caminhão de próteses" sempre que Brontis Jodorowsky precisa ser transformado em Nicolau Flamel, o bruxo de seiscentos anos ("um personagem levemente fantasmagórico"). Hammond também se encarrega pessoalmente de transformar Dan Folger em um ligeiramente mais asseado Jacob Kowalski.

Os maquiadores trabalham em turnos longos. Eles precisam madrugar para deixar os atores prontos para as filmagens, e vão até o fim do dia, quando precisam devolvê-los à realidade. Isso tudo envolve coragem e segurança. "Você tem que ser sensível", diz Hammond. "Precisa contornar qualquer nervosismo." Muitas vezes, eles são a última cara que um ator vê antes de começar uma cena. O tato é tão importante quanto um pincel.

Agora que eles se estabeleceram nessa era mais antiga do Mundo Bruxo, há certa disposição para correr mais riscos. "Temos muita liberdade artística", elogia Hammond. "Por exemplo, com o cabelo de Leta Lestrange, encontramos fotos do corte de cabelo que queríamos fazer. Mas estamos deixando o estilo ir além. É um equilíbrio muito importante. As fortes ondulações ficam ótimas no cabelo de Zoë [Kravitz], mas adicionamos um pouco mais de estilo a elas."

No roteiro, J.K. Rowling não é particularmente rígida em suas descrições - outra coisa que garante a Hammond um pouco de liberdade. "O pessoal encarregado do elenco lhe dá uma direção, mas é realmente um livro aberto para se trabalhar."

No geral, para o segundo filme, os cabelos estão com cores fortes. "O espectro de cores é lindo", diz ela. "Temos colorações muito escuras nos Acólitos de Grindelwald, e loiríssimos e vermelhaços. Analisamos as cores do período. A tintura de cabelo foi inventada pouco antes dessa data, e todos estavam experimentando. Nós deixamos as coisas irem um pouco além com isso, para descobrir o quão longe podemos ir sem ficar exagerado."

Os homens geralmente usavam cabelos curtos nessa época, mas deixavam bem mais longos na franja. "Ou talvez seja um pouco assimétrico", observa ela. "Dá para passar horas olhando as fotografias. Há algumas imagens extraordinárias: mulheres com cortes de cabelo masculinos e aquelas ondas meio desarrumadas que estavam começando a surgir."

De fato Hammond desempenha um papel essencial na criação dos personagens. Um processo que começa com uma conversa com o diretor, antes de ela reunir seus famosos *mood boards* e ir ver o que Colleen Atwood está pensando em relação ao figurino.

"Então produzimos três looks", explica ela. "Nosso trabalho é descobrir até onde podemos ir com aquele figurino, pois sempre há uma linha tênue que não podemos cruzar. E encontrar essa linha é algo muito divertido."

Uma coisa que ela notou é que Yates fez muito mais closes desta vez. "Não podemos ignorar

Na página anterior: Fae Hammond checa a maquiagem de Nicolau Flamel (Brontis Jodorowsky). À direita: A peruca de Eddie Redmayne é cuidadosamente aplicada antes das filmagens. *Mais à direita*: Até personagens menores, como Melusine (Olwen Fouéré), que aparece pouco, ganham todo o cuidado para que tudo esteja perfeito.

Na página anterior: Claudia Kim (o Maledictus) tem sua maquiagem retocada entre as cenas. À direita: Ólafur Darri Ólafsson, que interpreta Skender, o dono do Circo Arcanus, ganha costeletas.

nada. A câmera está em todos os lugares, como essas incríveis fotos circulares ao redor de Zoë."

Com a menção de Leta Lestrange, a conversa muda para os looks dos personagens principais e dos recém-chegados nesse novo filme...

Newt: "Eddie Redmayne estava muito interessado em manter o cabelo. Ele amava como era um pouco estranho, mas sem ser exagerado. Todos estão com seus cabelos mais curtos no novo filme, mas o de Newt teve que crescer. Eddie usa a mesma peruca, com a mesma cor clara. Vai bem com o pequeno bronzeado que demos ao personagem. A imagem de Newt tornou-se bastante icônica. Ele pode ser reconhecido até mesmo em um beco escuro. O que é fundamental porque nós filmamos em lugares bastante escuros em alguns momentos."

Theseus: "Callum Turner tem um cabelo ótimo, mas tivemos que clarear para combinar com o de Eddie. A maior questão sobre Theseus é que Callum não tem nenhuma sarda no rosto. Minha colaboradora, Emmy Beech, levava cerca de cinquenta minutos para, cuidadosamente, deixá-lo todo sardento. É uma obra de arte. Eu acho que os dois personagens estão ótimos juntos. Parece mesmo que são irmãos."

Tina: "Tina voltou a ser uma auror, então nós sentimos que ela precisava ser mais chique desta vez, mas ainda com aquele cabelo lindo, bem curto e simples. Não tínhamos certeza sobre a franja, mas David realmente gostou. Essa é a grande diferença. No primeiro filme, era como se Queenie cortasse o cabelo da irmã. Agora, você sabe que ela anda frequentando um novo salão."

Queenie: "Queenie está no meio de uma jornada. Ela não está mais em sua zona de conforto. Nós a vemos encharcada na chuva logo na terceira cena, e ao longo do filme continuamos a vê-la um pouco esfarrapada. Ela agora deixou para trás aqueles cachos brilhantes. A personagem está numa corrida, buscando algo. Ela ainda é muito bonita, mas a aparência polida e fofa sumiu."

Credence: "Abandonamos o corte em forma de tigela! É algo animador, porque nós o vemos saindo de Nova York usando um chapéu, sob o qual notamos uma cabeça raspada. A ideia é que, quando ele chegue em Paris, se misture à multidão. Ele ganhou um corte simples: um menino crescido de cabeça raspada. Bastante sombrio. Nós mantivemos seu visual bastante cansado, meio sujo e quase bestial."

Kama: "Um personagem fascinante. Ele exibe essa elegância mística nas entrelinhas. Tem um cabelo naturalmente muito encaracolado, que forma cachos calmos e elegantes."

Dumbledore e Hogwarts: "Isso foi muito emocionante. É fenomenal ir até lá. Vendo um jovem Newt e uma jovem Leta. É um caso de seguir a iconografia e ter que inserir esse período de tempo no filme. Jude Law foi ótimo. David queria que Dumbledore fosse muito natural, com barba, mas nada enorme. Apenas alguém que você realmente acredita que é um professor, como se ele lecionasse em Oxford. Eu busquei por pintores e artistas para tentar alcançar aquela aparência adorável de alguém que realmente não sai da sala de aula."

YUSUF KAMA

Usando um terno elegante, apesar de um pouco desgastado nas bordas, com uma pena de abutre saindo de seu estiloso chapéu, Yusuf Kama não se parece com ninguém que conhecemos no Mundo Bruxo. De ascendência franco-africana, ele chegou a Paris obcecado em cumprir uma promessa — promessa que pode envolver Credence.

O ator de formação clássica William Nadylam teve uma criação franco-italiana. Com um pai camaronês e mãe indiana, fez carreira no teatro de Paris antes de ir para o cinema e para a televisão. Ele tem um dom para interpretações teatrais.

"Yusuf Kama é africano", declara ele. "Ele vem do Senegal. Na África, a magia está em toda parte. Meu pai era médico e sempre competia com o feiticeiro local. E ele era alguém que *sabia* das coisas."

Nadylam se sente atraído pelo universo de Harry Potter há tempos. "É uma vida paralela na qual podemos realmente voar, como em um sonho", diz ele. No entanto, é a determinação que J. K. Rowling tem em não rotular seus personagens como bons ou maus que realmente o anima. "Eu me lembro do choque que tive, um verdadeiro choque, quando descobri que Dumbledore não era necessariamente quem eu sempre pensei que ele fosse. Você percebe que ele tinha suas próprias dúvidas. Ele já foi amigo de Grindelwald. Ninguém é inocente aqui."

À espreita em um esconderijo nas margens do Sena, Kama claramente se deixou sucumbir pelos tempos difíceis. "Ele é filho de um grande, grande bruxo", explica Nadylam. "E estava vivendo uma vida feliz em um ambiente bastante protegido, tendo uma educação aristocrática. De repente tudo é interrompido, ele perde a mãe e o pai e precisa redefinir a própria personalidade para conseguir seguir seu rumo."

O que Kama tem é essa fome de vingança. Antes de morrer, seu pai o fez fazer o Voto Perpétuo, jurando vingar sua família. Se ele quebrar este vínculo mágico tão forte, morrerá.

O bruxo traz consigo uma cópia de *As profecias de Tycho Dodonus*, um livro sombrio e cheio de profecias extraordinárias. Na parede de seu esconderijo estão riscadas as complexas equações de sua árvore genealógica.

"Kama me tocou de várias formas", diz Nadylam. "Estou realmente apegado a este persona-

No topo: Kama analisa obsessivamente o desenho de seus ancestrais. *Acima*: o livro *As profecias de Tycho Dodonus*. *Na outra página*: as buscas de Kama o levam até o circo.

gem, porque ele é muito próximo a mim. Kama não sabe exatamente quem é. Ele basicamente está em busca de sua identidade. As mesmas perguntas estão lá, desde o primeiro Harry Potter — Onde é o seu lugar? Ele precisa de alguém para ajudá-lo a ver a luz."

O ESCONDERIJO DE KAMA

Yusuf Kama tem se escondido em uma câmara subterrânea obscura que se estende sob o Sena. Também está bem próximo do sistema de esgoto de Paris. É aqui que ele aprisiona Tina, Newt e Jacob, criando essa inesperada reunião. É aqui também que ele revela sua obsessão por Credence.

"O lugar tem um teto muito baixo", diz Craig, que se inspirou nas cenas de esgoto do filme *noir* clássico *O terceiro homem*. "O telhado desse complexo que corre ao lado do rio, e o túnel que leva até ele, de fato, estão sob uma ponte que liga as duas margens do rio."

"Stuart baseou seu projeto em sistemas hidráulicos subterrâneos", explica a decoradora de cenários Anna Pinnock, "então nossa tarefa foi recriar um sistema de bombeamento dessa época, a partir de vários itens que encontramos, com a equipe de Pierre Bohanna acrescentando a ornamentação adequada".

É aqui que Tina se depara com os cálculos de Kama baseados na árvore genealógica dos Lestrange que está rabiscada nas paredes.

"Kama é obcecado com a forma como Credence pode estar ligado à família Lestrange", diz Craig. "Os gráficos nas paredes deste enorme túnel, e até no teto, revelam que ele está obsessivamente tentando descobrir uma ligação com Credence, para que então possa rastreá-lo e matá-lo."

Mas, naquela atmosfera úmida e insalubre, o atento Newt descobrirá que Kama acabou sendo infectado por um parasita que caiu na água.

Uma vez que Newt e Tina escapam, é nesta ponte que Newt tentará ajudar o Zouwu que escapou — usando um brinquedo fofinho preso numa vara.

COLLEEN ATWOOD FALA SOBRE YUSUF KAMA

"Ele é um personagem incomum, cujas origens africanas são bem diferentes de tudo que já vimos antes", diz Atwood sobre o novo personagem. "Assim como Leta, ele é um aristocrata em seu mundo, mas está passando por momentos difíceis: suas roupas estão gastas. Ele não tem nada de novo há muito tempo. Mas o que ele tem é da mais alta qualidade."

O ator, William Nadylam, tem o que Atwood considerou "um estilo clássico e teatral". Isso levou a um chapéu característico, com uma pena enfeitando a aba, para dar o toque final.

NICOLAU FLAMEL

O excêntrico Nicolau Flamel é baseado em uma pessoa real — que pode ou não ter sido imortal. O Flamel genuíno era um escriba do século XIV que vivia e trabalhava em Paris. Ironicamente, após sua morte, surgiram rumores de que ele era um alquimista mítico que havia descoberto a Pedra Filosofal, artefato que transformava chumbo em ouro e que supostamente o proporcionara vida eterna.

Esta figura enigmática, é claro, teve uma grande influência no primeiro livro escrito por J. K. Rowling no universo Potter, no qual encontramos a lendária pedra, mas não seu detentor. Dessa vez, a autora finalmente introduziu Flamel em pessoa, usufruindo da imortalidade — o roteiro o apresenta tendo seiscentos anos — e morando no número 51 da Rue de Montmorency, uma casa que ainda resiste ao tempo, embora a arquitetura e o conteúdo tenham sido transformados no filme.

"Hoje em dia é um restaurante", conta Brontis Jodorowsky, o ator franco-mexicano que interpreta o bruxo ancião. "Quando J.K. Rowling visitou o local eles lhe mostraram a receita para produzir a Pedra Filosofal."

No segundo filme de *Animais fantásticos*, Flamel é um aliado muito importante de Dumbledore, e sua casa tumultuada, abastecida com toda a parafernália empoeirada de suas atividades alquímicas, é um refúgio para Newt, Jacob e Tina.

Além de seu talento como ator, Jodorowsky se encaixa duplamente no projeto, já que seu pai é o diretor cult chileno Alejandro Jodorowsky, responsável pelos faroestes místicos *El Topo* e *A montanha sagrada*, filmes que acompanham a saga de um poderoso alquimista em busca da iluminação. Dito isso, seu filho se apoiou tanto no lado francês de sua mãe para interpretar Flamel, como em sua terra natal, o México. "No México, magia realmente existe", diz ele.

Top: Jacob tem uma visão na bola de cristal de Flamel; a luz branca será substituída por efeitos visuais na versão final do filme. *Na página*: a varinha de Flamel ostenta uma garra de dragão.

Abaixo: A boa de cristal de Flamel. *Mais abaixo*: David Yates, Brontis Jodorowsky como Nicolau Flamel e Philippe Rousselot estudam o livro mágico do alquimista. *À direita*: Capa do livro mágico.

Ele admite que era impossível conceber o que seria um homem de seiscentos anos. Será que sequer seria capaz de andar? Era mais fácil pensar em Flamel como alguém que foi magicamente preservado em seus noventa e poucos anos. O que ainda exigia a aplicação diária de camadas de próteses mosqueadas ao ator que tem apenas cinquenta e cinco anos.

"É muito interessante para mim, porque eu não me pareço com isso na vida real", diz ele. "E não me considero uma pessoa velha. É um processo em que você realmente tem que se apagar e se tornar outra pessoa. As próteses são mais um figurino. Você poderia dizer que é, de fato, um processo bastante alquímico."

A figurinista Colleen Atwood não brincou apenas com a idade avançada de Flamel, mas também com o fato de que ele é um bruxo que é uma espécie de cientista do seu tempo. "Eu tinha que pensar sobre o que ele usaria quando estivesse trabalhando, e em como tudo isso combinaria com sua pele e cabelo pálidos", diz ela. Então Atwood propôs uma versão medieval de um jaleco. Assim como Newt, Flamel é outro exemplo da união temática entre a magia e a ciência.

A varinha de Flamel, segundo Jodorowsky, é um artefato muito bonito. "Tem uma garra de dragão", ele aponta com orgulho. "Mas uma varinha, você se lembra, é uma extensão da sua alma. A varinha escolhe o feiticeiro, e esta me escolheu."

UM LIVRO MÁGICO

Quando as corujas não são seguras o suficiente, o Nicolau recorre a um livro mágico para entrar em contato com seus amigos mágicos.

"Um pouco como o Mapa do Maroto, esse é um dispositivo inteligente que Jo criou para fazer as coisas acontecerem", explica Miraphora Mina, cuja equipe foi responsável pela criação do livro. "Parece um livro, mas cada página é uma foto de alguém em seu escritório."

"É como um álbum de fotos", acrescenta seu parceiro Eduardo Lima.

"Você pode falar com os bruxos de seu círculo de amizade. Na verdade é como uma espécie de grupo do WhatsApp", ri Mina. Muito parecido com os retratos em movimento nas paredes de Hogwarts, cada página neste livro mágico mostrará uma bruxa ou bruxo. Se eles não estão, você acabou de vislumbrar o escritório deles.

Eles tinham se encontrado com Rowling e com o diretor David Yates para falar sobre algo completamente diferente, quando a autora mencionou este inteligente novo conceito que ela tinha em mente para Dumbledore entrar em contato com Flamel. "E tivemos dez dias para apresentar o livro", diz Lima. "Trabalhar no Mundo Bruxo mantém você sempre alerta."

Para o design do livro, eles analisaram antigos álbuns vitorianos de fotos que usavam papéis realmente pesados em suas páginas, o que lhes daria a estabilidade para algo que guardava uma janela para outro mundo. Eles também estudaram técnicas antigas de encadernação para dar ao exterior do livro um estilo adequado a tempos bastante longínquos. Na capa há uma fênix ornada em ouro e costurada em couro.

A MORADA ANTIQUÍSSIMA DE NICOLAU FLAMEL

A história nos diz que Nicolau Flamel realmente viveu na Rue de Montmorency, na Paris do século XIV. E ele ainda reside lá no início do século XX, na segunda aventura de *Animais fantásticos*. É um bruxo, boticário e alquimista, além de inventor da lendária Pedra Filosofal, que lhe conferiu tamanha longevidade.

"Ele tem seiscentos anos", observa o diretor de arte Stuart Craig. "Então fizemos uma casa com estrutura de madeira para ele. Na Inglaterra, o mais próximo seria o estilo Tudor; em Paris, é uma moradia emoldurada em carvalho do século XV."

É certamente um lugar notável, inclinado em um ângulo alarmante, tão antigo quanto seu inquilino. Essa sensação de estranheza e antiguidade continua dentro do almoxarifado abarrotado, um interior enfumaçado repleto de caldeirões, retortas, frascos, poções e bugigangas de alquimia empoeiradas, com prateleiras abarrotadas de livros volumosos de couro desbotado.

"Foi um grande trabalho para Anna Pinnock, que ela gostou muito de ter", diz Craig. A decoradora de set se divertiu muito invadindo os mercados de pulgas da capital francesa para cada espécime de parafernália científica antiga em que pudesse colocar as mãos — quanto mais decrépito fosse, melhor.

"É um set tão maravilhoso, antigo e cheio de camadas, com tantos cantos e recantos inesperados, abarrotados de livros de feitiços empoeirados e coisas excêntricas", diz ela. "Muitas dessas coisas vieram diretamente da Idade Média francesa, já que Flamel é tão antigo. Mas também é

Na outra página: Arte conceitual da casa do alquimista imortal, por Peter Popken; *Na página*: o cartão de visita de Nicolau Flamel, dado por Dumbledore a Newt. À esquerda: Um set muito detalhado, cheio de adereços, revela as ferramentas que o alquimista usa em seu trabalho. *Abaixo*: a fabulosa Pedra Filosofal é guardada dentro de uma redoma de vidro.

cheio de química vitoriana mais moderna, ao lado das antigas engenhocas alquímicas.

O desafio era combinar os mistérios do passado de Flamel com uma sensação de refúgio para os heróis, que têm uma série de longas cenas em seu quarto nos fundos da casa. Newt e Tina vieram aqui em busca de ajuda, já que Flamel é um antigo aliado de Dumbledore. O professor de Hogwarts entregou o cartão de visitas de Flamel para o Magizoologista.

Assim, a equipe de design gráfico teve que considerar como o cartão de visita de um mago de seiscentos anos poderia se parecer.

"Ele teria um cartão de visitas dos anos 1920?", pergunta retoricamente o designer gráfico Eduardo Lima. "Ou teria algo que parecesse ser muito mais antigo, de antes mesmo da existência de cartões de visita? Nós fizemos este pequeno cartão de madeira, fino como verniz."

O símbolo de Flamel, que também vemos do lado de fora de sua oficina, magicamente se abre no cartão em branco. "Primeiro surge o símbolo", ele observa, "e depois vem o nome".

Para o multifacetado ator Brontis Jodorowsky, que interpreta esse bruxo ancião, estar envolvido por tantos detalhes despertou sua imaginação. "A principal ferramenta de um ator é sua mente imaginativa", diz ele. "É absolutamente fantástico ter sets como este para trabalhar. As cenas são tão poderosas e cheias de imagens que você só precisa entrar e acreditar."

De grande significado para os fãs, é claro, será a presença da Pedra Filosofal, vista apenas no primeiro filme de Harry Potter e agora descansando em um suporte dentro de uma redoma de vidro. Qualquer um que tenha participado da Warner Bros. Studio Tour em Leavesden saberá que a pedra original de quartzo vermelho ainda existe (na verdade, existem várias delas).

"Nós tivemos que fazer novas pedras", admite Bohanna, "porque as que produzimos como adereços para *Pedra Filosofal*, acabaram perdendo muito de seu brilho. Elas foram muito manuseadas ao longo dos anos, então tivemos que recriar algumas e deixá-las com uma aparência mais nova."

Nem mesmo pedras imortais duram para sempre.

O MINISTÉRIO DA MAGIA FRANCÊS

OS MINISTÉRIOS DA MAGIA PELO MUNDO

Fomos apresentados ao Ministério da Magia Britânico nos filmes de Harry Potter, um lugar no subsolo, abarrotado de escritórios, e acessado através de uma cabine telefônica vermelha. Já no primeiro filme da série *Animais fantásticos*, o imponente MACUSA pode ser encontrado escondido dentro do Woolworth Building, em Nova York. E agora, em Paris, descobriremos o Ministério da Magia Francês. Que, naturalmente, se orgulha de sua torção idiossincrática na arquitetura institucional.

Na verdade, este será o primeiro filme do Mundo Mágico a apresentar três ministérios da magia diferentes. Antes do filme ir para Paris, ele irá parar no telhado do MACUSA e no Ministério da Magia em Whitehall. O prédio é o mesmo, só que setenta anos antes.

"Usamos alguns dos mesmos detalhes que fizemos na versão original de Harry Potter", confirma Craig. "Todas as superfícies da parede têm essas placas de cerâmica brilhantes, algo inspirado no metrô de Londres."

A cerâmica é impermeável e, por isso, é o material ideal para locais úmidos e subterrâneos. Na Sala de Audiência de aparência autoritária, Newt será pressionado por Torquil Travers, Chefe do Departamento de Execução das Leis da Magia, ao lado de seu irmão Theseus, Chefe do Gabinete de Aurores, enquanto uma pena de repetição rápida paira sobre suas cabeças, pronta para tomar notas. Deste ponto de vista, temos um novo ângulo dos andares subterrâneos do Ministério, seus escritórios em-

Newt e Tina entram na Sala de Registros.

pilhados como moedas formando imensos pilares cilíndricos que circundam o extenso saguão.

Usando uma grande quantidade de novas ferramentas de design digital, o artista conceitual Dermot Power criou um modelo do set em realidade virtual e ficou muito feliz de testemunhar uma visita de J.K. Rowling que, usando seus óculos, examinou todo aquele ambiente digital, resultado de sua imaginação.

Em um desses toques excêntricos que dão ao mundo mágico tamanha personalidade, é possível notar que, zanzando pelo corredor circular do lado de fora da Sala de Audiência, há um aspirador de pó solitário e autocontrolado. O aparelho rabugento, chiando no tapete, é outra especialidade do modelador de adereços Pierre Bohanna.

"Para um aspirador, ele é grande", diz Bohanna. "O artefato gira com o uso de três rodas, com um enorme saco abaloado nas costas." Durante o processo de design, eles imaginaram que o saco do aspirador estaria precisando urgentemente ser esvaziado, e toda a poeira e o lixo acabam escapando pela parte de trás dele. "Está fazendo tanta sujeira quanto está limpando", ri Bohanna.

Os três ministérios podem diferir estruturalmente, mas todos são sufocados pelo condão magistral da burocracia sugadora de almas. É outro tema recorrente nos trabalhos de Rowling: mágicos ou não, todos os órgãos governamentais são enterrados em papelada.

"A papelada, todos os arquivos e materiais de escritório, são próprios daquela época", observa Miraphora Mina. "Até o estilo das pastas é totalmente baseado nos anos vinte."

Para cada ministério, a equipe de design gráfico adotou uma cor identitária. Para o britânico é roxo, para o MACUSA é verde e para o francês é azul. Você verá nas fitas e nas bordas das pastas apenas um sutil toque de cor para denotar uma marca particular de oficialismo bruxo.

"Na verdade, veremos que a França está ainda mais ligada à burocracia", diz Mina. "Tivemos que criar muitas cópias de documentação francesa."

SOB AS CÚPULAS

Como resultado das explorações de J. K. Rowling pelos cantos menos frequentados de Paris, a entrada para o Ministério da Magia Francês foi parcialmente inspirada na pitoresca Praça de Furstenberg. "As razões são muito óbvias", explica Craig. "Furstenberg é um largo muito modesto, mas bonito em seu tamanho pequeno. Tem quatro árvores extremamente altas e elegantes em cada canto, e quando você se aproxima nota uma pequena fonte no meio."

As raízes dessas quatro árvores se estendem até o centro da praça, formando uma gaiola sobre a

Acima: Alison Sudol relaxa por trás das câmeras enquanto David Yates se prepara para dirigir uma recepcionista do Ministério; *(na página)* design gráfico para o Ministério Francês; um dos livros de registro do ministério. *Na outra página, de cima para baixo:* Intrincada ilustração da abóbada celestial, por Dermot Power; Queenie chega ao Ministério Francês; um limpador de chão do Ministério.

fonte. A gaiola acaba por ser a carapaça *Art Nouveau* de um elevador, que desce até o Ministério, embora ele não seja rigorosamente no subsolo.

"No roteiro eles sobem e descem vários andares, como o Ministério da Magia Britânico, e você tem a sensação de que está indo muito ao fundo", diz Power, deliciando-se com outra das engenhosas reviravoltas de Stuart Craig. "Stuart inverteu isso e tornou o Ministério da Magia Francês completamente lateral".

O prédio é composto por uma série de belas cúpulas, como grandes iglus conectados por túneis de vidro. Um design que se parece com o Projeto Éden, na Cornualha.

"Muito do roteiro é ambientado à noite e no subsolo", continua Power. "Até a cena final, do anfiteatro, e o porão de Newt são subterrâneos. Então, embora o roteiro parecesse colocar o Ministério da Magia Francês no subsolo, fizemos com que a luz do dia entrasse pelos seus vidros."

No início, a dedicada equipe de Craig tinha tentado dar um sentido lógico a esta redoma. Power sugeriu que os magos voassem para chegar ao Ministério da Magia Francês. "Stuart não esboçou reação a isso", ele ri — um sinal claro de que ele não estava interessado. "A questão é que não podemos ter terra do outro lado do vidro, você quer chamar a atenção para o vidro em si. Então, o que você faria? Congelaria o vidro? Fazer vitrais seria colorido demais... Então, surgiu a ideia de um mapa estelar.

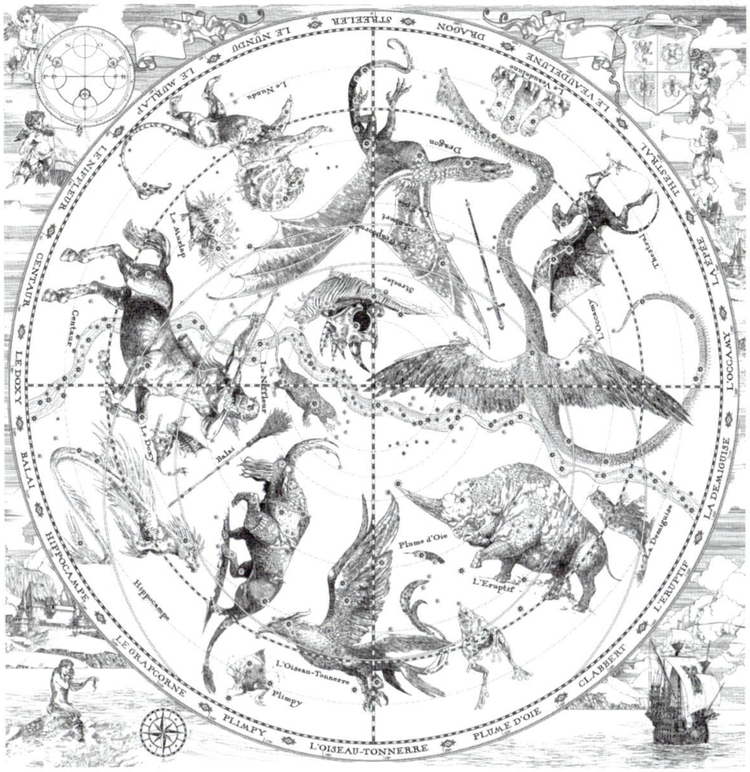

Testando a ideia, Power colou fotos de antigos mapas celestiais do século XVIII em seu modelo 3D do Ministério Francês, e então as colocou lentamente em movimento. Dessa forma, o teto chamaria a atenção para si mesmo e não para o que poderia estar além dele. "Você distrai o espectador e ele não questiona tanto a lógica, por ter essa coisa linda de se ver."

Rowling havia insistido que, em vez de usar o zodíaco do mundo real, eles deveriam criar uma versão do mundo mágico de Áries o cordeiro, Leão o grande felino e assim por diante. Então eles, é claro, usariam animais fantásticos para esse zodíaco, baseados nos desenhos das esmeradas xilogravuras do século XVI, do artista alemão Albrecht Durer.

Power elabora: "Eu criei o teto usando diferentes criaturas do Mundo Bruxo; apenas os extraí de *Animais fantásticos* e dos filmes de Harry Potter, além de ilustrações que fizemos ao longo dos anos, e então aplicamos um filtro de gravura neles."

Esses eram desenhos temporários, mas Rowling adorou e começou a fornecer notas sobre

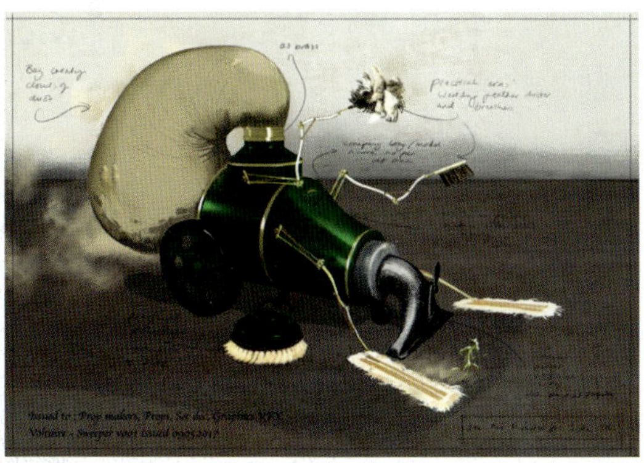

No verso: A arte conceitual por Dermot Power revela uma cúpula celestial de tirar o fôlego, com animais fantásticos de todo o mundo; embaixo flutua uma das primeiras ideias para um localizador de atividades mágicas, que foi abandonado posteriormente.

Acromantula
Clabbert
Grindylow
COMPAGIS
BRAHEA

Augurey
Hippogriff
Phoenix
Unicorn
HEMISPH

No topo, à esquerda: David Yates dá as direções para os aurores franceses e britânicos. *Acima, à direita*: Tina se pergunta por que Theseus está usando as roupas de Newt, ou será que Newt está usando o rosto de Theseus? *Acima*: Arte conceitual de um carrinho para mover caixas para a Sala de Registros, por Dermot Power.

quais criaturas remover ou incluir. “É toda uma astrologia”, diz ele, maravilhado com a forma como uma pequena ideia pode se expandir em uma subseção da mitologia.

Misturados com os céus em movimento estão os detalhes da posição de cada estrela nos animais celestiais, ao lado de seus nomes franceses (felizmente Power tinha uma edição francesa do livro): *Le Murlap*, *Le Niffleur*, e assim por diante. Há vinte e cinco criaturas e objetos que circundam a cúpula, incluindo o navio Durmstrang visto em *Harry Potter e o Cálice de Fogo* (Power o desenhou a partir de fotografias dos modelos originais) e uma cena de água com sereianos, tritões e ninfas. Ele sorri: “Espero que pareça estranho e incomum; certamente tem esse visual europeu.”

Além do saguão de entrada com seu teto em movimento, passaremos pelas cúpulas do escritório de correspondências, pelo setor de datilografia e pela ornamentada Sala de Registros. Em todas as repartições existe essa aura de escritórios funcionando. Assim como o MACUSA, esta é uma organização governamental que funciona com credibilidade.

“Esse foi possivelmente nosso único set totalmente *Art Nouveau*”, conta a decoradora Anna Pinnock, e Rowling foi enfática no que deveria ser o estilo do Ministério da Magia Francês. “Com todas essas cúpulas, foi um desafio encontrar um estilo repetitivo de mobília de escritório que funcionasse em todas elas”.

Em uma de suas viagens de compras a Paris, Pinnock descobriu no mercado de pulgas uma carteira bastante incomum, feita de vidro e metal. Imediatamente, ela percebeu que aquela mobília poderia ser replicada em grande escala e adaptada para funcionar de forma modular e interligada.

“Era ruim de sentar e tinha uma mesquinhez ministerial em sua superfície rasa”, diz ela, encantada com a descoberta. “Também encontramos reproduções de poltronas de metal francesas que eram vendidas na China. Então as pintamos para terem um visual mais de época.

Para o setor de datilografia — outro tema bastante recorrente — eles fizeram mais de cem máquinas de escrever francesas e sua própria interpretação de uma máquina Ticker tape, usada para comunicações via telégrafo na época. “A própria Anna foi ao Museu da Ciência para estudar versões diferentes”, explica Bohanna. “Ela queria reproduzir um certo sentimento francês. Chegamos à ideia de que, enquanto no Ministério da Magia Britânico você tinha aviões de papel como memorandos voadores, no Ministério da Magia Francês faríamos uma fita Ticker tape voadora.”

A fita literalmente voa. Longos pedaços de papel se retorcem no ar como se fossem cobras nadadoras. Em cima de cada escrivaninha do setor, encontra-se uma máquina de escrita em Ticker tape, na qual uma fita de papel se enfiaria antes de nadar para fora novamente, do outro lado.

SALA DE REGISTROS

Com tantas pessoas em busca da árvore genealógica dos Lestrange, uma grande sequência de ação acontece na organizada e hierárquica Sala de Registros.

Topo: Arte conceitual da Sala de Registros, por Dermot Power; as posições das pilhas se moverão e deslizarão como um quebra-cabeça quadrado. *Acima*: Tina e Newt são descobertos na Sala de Registros.

"As prateleiras são bastante interessantes e bonitas em seu estilo *Art Nouveau*", diz ele. "Com uma estrutura orgânica e vigorosa." No entanto, em seu layout a sala é composta por uma série de estantes quadradas e altas que se movem para os lados, para frente e para trás e para cima e para baixo como os antigos jogos de blocos deslizantes.

"Stuart queria tornar essa cena muito mais mecânica", diz Power. "E isso funcionou bem, já que os personagens precisariam escalar os arquivos e se esconder neles. Temos aqui um bom exemplo de cena em que o design tem influência na história."

Craig continua. "A busca por esse documento dos Lestrange é o foco dessa cena. Construímos uma série de estantes altas, semelhantes a árvores, que são complementadas por efeitos visuais. A escala é uma característica importante. Na escala mora a teatralidade desses sets bastante expressionistas."

Nos quatro cantos do set haviam estátuas da mesma figura feminina, conhecida como Marianne, um símbolo da França revolucionária que remonta a 1789. "Ela não é mais apenas associada à Revolução", diz Craig, "É uma espécie de símbolo da França. E todo o set tem uma textura orgânica, curva e crescente. Parecida com as árvores na praça do lado de fora."

"Era o sonho de um modelador", diz Pinnock, "desde as prateleiras muito elaboradas e ornamentadas que Stuart projetou até as caixas de arquivo igualmente elaboradas e complexas."

"Esse foi um dos nossos maiores desafios", relata Bohanna. "Essas caixas de arquivos nas quais os registros estão contidos. Fizemos mais de mil e duzentas delas para estocar os arquivos."

Uma vez que o caos da perseguição explode, envolvendo um exército de Matagots em CGI, os temperamentais felinos responsáveis pela segurança do Ministério da Magia Francês, a cena muda para um set de chroma key.

"Tivemos que criar intermináveis filas virtuais de prateleiras", diz Tim Burke, supervisor de efeitos visuais. "Todas essas prateleiras começam a se mover nesta fantástica sequência de perseguição, que filmamos com muitos adereços cobertos de verde com os quais os atores pudessem interagir e desviar. O que é ótimo neste filme é que os atores estão muito envolvidos no que estamos fazendo. Eles estão nos dando tudo de seus personagens. Então, Eddie Redmayne nos diz o que ele faria, assim como Katherine Waterston, e estamos desenvolvendo a história junto com eles. Eles estão nos dando ideias de como as criaturas reagiriam. É uma colaboração real."

CIRCO ARCANUS

CIRCO ARCANUS

Chegando em Paris, após viver em Nova York, Credence agora faz parte do Circo Arcanus. O primeiro circo já visto no Mundo Bruxo com certeza oferece mais espaço para magias esplêndidas e extravagantes. No entanto, esse momento em particular não parece tão animador.

"O Circo Arcanus é um lugar brutal", revela J.K. Rowling. "Pode parecer, à primeira vista, um lugar de maravilhas e mistério, mas, na verdade, é uma combinação de show de horrores com tráfico de pessoas."

"É um lugar muito pobre e sujo", observa a figurinista Colleen Atwood. "Em termos de figurino, há muitas falhas nas vestes de todos. Elas são imundas, bem marrons e jogadas umas sobre as outras sem combinação nenhuma."

Há uma grande diferença, ela aponta, entre a ideia de circos itinerantes carnavalescos e o ambiente melancólico criado por Rowling, que fica na Place Cachée, nas proximidades de Montmartre. O cenário desse circo desajustado foi

construído como parte do complexo de quase um quilômetro erguido para retratar Paris.

Eles construíram três versões diferentes da tenda principal: interior, exterior e danificada, além de uma pequena tenda em miniatura. O departamento de efeitos visuais adicionou um fundo em que podemos ver, à distância, pontos de referência como a Sacre Coeur.

A pobreza reina aqui, diz Atwood. Este é mais um circo de "beira de estrada". "Se você vê um palhaço", ela diz, "é mais provável que seja um palhaço cujos pés estão para trás. Há muitas deformidades aqui, em algum lugar entre o humano e a criatura."

Como n'O Porco Cego, o bar sujo e clandestino de Gnarlak em Nova York, este pobre estabelecimento revela as camadas inferiores e menos favorecidas do Mundo Bruxo. E é aqui que Tina vem parar, em busca de Credence.

O Circo Arcanus é comandado por um bruxo sem escrúpulos chamado Skender (interpretado pelo ator islandês Ólafur Darri Ólafsson, que viveu um dos gigantes disformes de *O bom gigante amigo*, de Steven Spielberg), alguém claramente obcecado por dinheiro. Ele percorre um amontoado de tendas e gaiolas, usando com um cajado e sua varinha, aterrorizando

Acima: O circo diverte a comunidade bruxa de Paris. *Na página*: Arte gráfica que anuncia atrações do Circo Arcanus, incluindo o Kappa, Oni e o Maledictus.

seu grupo de Subseres, os tristes descendentes de seres mágicos.

"Skender é uma combinação de adestrador de animais e mestre de cerimônias", diz Atwood, "então há certa escuridão nele. Mas também é mais complexo do que um simples mestre de cerimônias. Ele tem uma essência maligna."

David Yates descreve Skender sem rodeios: "traficante de pessoas".

Evidenciando o tema que percorre todos os filmes de *Animais fantásticos*, a decoradora Anna Pinnock vê o esquema de Skender como realmente é: um show de horrores que explora pobres criaturas. "É um lugar perturbador", diz ela. Ainda assim, este circo esquálido apresentou alguns desafios interessantes para os designers.

A equipe de artes gráficas criou uma série de pôsteres de época usando métodos antigos, apresentando o fascinante mistério do Maledictus. "O tipo de papel que usamos não era como papel tradicional, tinha uma cor diferente", diz Eduardo Lima. "Eles também impressos em serigrafia, o que nos permite um acabamento diferente."

"Nós projetamos três grandes banners que deveriam ficar fora do circo", diz a designer gráfica Miraphora Mina. Eles sempre têm que levar em conta quem estaria criando esses objetos, na história.

"No caso dos banners, seriam os empregados de Skender", diz ela. "Já os pôsteres são um pouco mais sofisticados. Skender pode ter procurado uma gráfica barata em Paris para eles, e encontramos algumas fontes muito legais da época."

Do lado de fora da tenda principal há uma confusão de exibições, carrinhos de rua, barracas e gaiolas enferrujadas, incluindo uma elaborada caixa, coberta de símbolos chineses, que abriga o Zouwu.

"Nós realmente tentamos adicionar alguma sutileza a este momento, não torná-lo muito complexo e moderno", observa Stuart Craig. "Há certa energia antiquada com as luzes, que serão estendidas por efeitos visuais."

Pelo menos aqui eles se divertem um pouco com a versão bruxa de um circo itinerante. A equipe de design criou uma barraquinha que

De cima para baixo: Ólafur Darri Ólafsson está preparado para a cena de Skender dentro da tenda do circo; arte de um cartaz sobre o Oni; varinha de Skender.

vende coco, na qual as frutas têm rostos... “Eles parecem uma versão vitoriana e bigoduda dos homens franceses”, diz Pierre Bohanna com uma risada alegre.

Estendendo o tema do aspirador de pó temperamental do Ministério em Londres, Bohanna criou um acordeão com mente própria. “Basicamente, o acordeonista está sentado tocando e o fole do acordeão ganha braços e pernas e começa a dançar com sua própria música.”

Dentro do interior tórrido e superlotado da tenda principal, há uma grande gaiola na qual as criaturas e seres desajustados desfilam. Muito além de uma simples tenda cheia de trapezistas, essa é a chance que o público bruxo tem de encarar essas tristes aberrações.

“Fizemos uma pesquisa ampla e interessante sobre os circos daquela época, buscando imagens de referência”, diz Craig, lembrando que esse tipo de circo mercenário itinerante era muito comum na Europa, na era vitoriana.

Com um toque engenhoso de magia Rowling, quando eles tiverem que sair para a próxima cidade, Skender simplesmente encolhe a tenda principal até o tamanho de um lenço e a coloca no bolso.

O Circo Arcanus também exibe um zoológico de deprimidos animais fantásticos, trazidos à vida por meio de efeitos digitais.

Enjaulados, acorrentados ou abrigados em tanques, de acordo com suas naturezas, a coleção de Skender contém um Zouwu enfurecido, um Kappa e um Oni. E, claro, o Maledictus, ser que aos poucos está virando uma cobra. No canto da tenda principal, há uma gaiola reforçada cheia de Dragões de Fogo irritadiços, que ocasionalmente lançam uma chuva de faíscas.

De cima para baixo: Um dos figurantes recebe instruções antes de filmar uma cena de multidão; projeção de como a tenda do circo vai encolher até virar um lenço de bolso de Skender; a arte conceitual de Paul Catling mostra o Kappa e o Oni dividindo uma gaiola apertada; Skender e um público ansioso esperam para ver o que o Maledictus fará em seguida. *No verso*: O exterior do Circo Arcanus fica numa esquina do detalhadíssimo set de Paris.

MALEDICTUS

ARCANUS
ONI 鬼 ONI
EQUIPEMENT QUIDDITCH

RUE
RICHER

OS SUBSERES

NOS BASTIDORES DO CIRCO ARCANUS,

lamentáveis Subseres se revezam para conseguir algum dinheiro na multidão, alimentando as criaturas e limpando o circo no fim da noite. Os seres mais estranhos podem até se apresentar, mas em geral eles são um grupo amedrontado. Os Subseres formam uma casta inferior do mundo mágico: um grupo de humanoides disformes e confusos que têm ascendência mágica, mas, ao contrário dos elfos domésticos dos filmes de Harry Potter, não possuem poderes reais.

"Eles são espécies de meio-humanos, meio-criaturas, eu acho", comenta a figurinista Colleen Atwood, "e eles conseguiram criar a ideia de que são artistas. Isso permite que coloquem essa fina pele de reconhecimento no mundo humano e se livrem de andar em gaiolas, como as criaturas do circo."

Esta nova classificação para o Mundo Bruxo tipicamente envolve Meio-Elfos, Meio-Duendes e Meio-Trasgos. Um Meio-Trasgo pode ser visto realizando proezas de força, enquanto Meio-Elfos e Meio-Duendes fazem malabarismos e dão cambalhotas. Mas, na maior parte dos casos, esse grupo de párias se esforça para esconder sua verdadeira natureza da melhor maneira possível. Chifres estão escondidos sob chapéus, olhos salientes sob capuzes.

No filme, em vez de serem totalmente gerados por computador, como os elfos são, algo mais comovente é obtido com atores reais que, na pós-produção, ganhavam alguma camada de efeitos digitais. Os rostos dos atores são escaneados, transformados em um mapa de texturas e, em seguida, alterados pelos assistentes de efeitos visuais.

Na outra página: Um dos trabalhadores do circo se ergue acima de um membro da equipe enquanto fazem ajustes finais em seu traje.

A jornada de CREDENCE *para se descobrir*

Credence não é mais um Barebone. Após perder o controle, o que resultou na morte de sua mãe adotiva, ele chega em Paris conhecido apenas como Credence. Mais uma vez, esse jovem problemático é involuntariamente o olho da tempestade. Nada menos do que cinco grupos separados estão atrás dele, cada um com seus próprios planos para o trágico Obscurial: Tina está desesperada para salvá-lo, Newt também, mas Yusuf Kama, Grimmson e, pior de tudo, Grindelwald têm algo menos nobre em mente.

"Você tem motivos justos para crer na morte de Credence no final do primeiro filme", observa J.K. Rowling. "Mas, na verdade, como Newt sabe, você não pode matar um Obscurial quando ele está transformado em Obscurus. Você pode desfazer o Obscurus temporariamente, mas a pessoa não morre. Então Credence sobrevive e sua grande questão agora é: 'Quem sou eu?' A busca dele pela verdadeira identidade é sua motivação ao longo de *Crimes de Grindelwald*. E essa é uma das principais tramas desse filme."

Ezra Miller admite que ele tinha certo conhecimento do que Credence poderia enfrentar no novo filme, já que Rowling havia lhe oferecido "pequenas indicações" do que esperava o fugitivo Obscurial.

"Ela me contou sobre o circo e que haveria um Maledictus lá, e me contou a essência da jornada de Credence — que ele estava em busca de sua mãe biológica."

O desempenho de Miller, como o conturbado menino que guarda uma força mágica terrível, foi um dos destaques do primeiro filme. O ator conseguiu retratar com talento a dor de Credence, tão assustadora como comovente. Ele é um menino perdido mas também um apocalipse em potencial.

"Credence é um jovem com uma história extremamente perturbadora e traumática", explica Miller, que é um fã de carteirinha de Harry Potter. "Com um ato de violência apenas parcialmente intencional, tendo eliminado as correntes de seu abuso, ele está agora partindo para uma jornada de autodescoberta, porque ele descobriu que muito do que sabia sobre si mesmo é mentira."

Antes de ser adotado pela ditatorial Mary Lou Barebone, em Nova York, Credence nasceu de uma bruxa desconhecida. Agora ele está movido pela possibilidade de descobrir a identidade de sua mãe — que pode ter uma conexão com a árvore genealógica dos Lestrange — e, assim, encontrar seu lugar no mundo. Ele também espera que, ao entender de onde veio, consiga controlar seu Obscurus, esse vórtice de magia parasita que se manifesta como uma nuvem escura e turva.

"Ele já está começando a ganhar algum controle, manifestando o Obscurus intencionalmente", diz Miller, que entre os filmes trocou a magia por superpoderes, atuando como o hiperativo Flash em *Liga da Justiça*. "Há um pouco de libertação e

de alívio nisso. Ele está se transformando em um sobrevivente, o que acarreta em escolhas e responsabilidades. Mas Credence ainda é um tipo de bomba prestes a explodir, por causa de seu poder."

O fato de ele estar vivo é um milagre. Credence alcançou o ponto em que, normalmente, o Obscurus já teria matado o bruxo. Miller acredita que a sobrevivência acaba tornando-se um mecanismo de descoberta para Credence. "Ele sabe que a mulher que o abandonou está na Europa, porque encontrou seus papéis de adoção."

A trágica ironia é que Grindelwald já sabe a verdadeira identidade de Credence.

"É um momento realmente triste", admite Miller. "Uma marca na jornada arquetípica trilhada por Credence."

Credence agora acompanha um circo bruxo comandado pelo inescrupuloso Skender. Cheio de párias do Mundo Bruxo — e algumas criaturas seriamente maltratadas — esse circo logo se revela um outro ambiente abusivo.

Acima: Credence e o Maledictus desfrutam de um momento tranquilo juntos; *(na página)* Atwood criou um novo figurino para o personagem em Paris. *Na outra página, de cima para baixo:* Credence e o Maledictus em direção a um dramático encontro; certificado de adoção de Credence; Credence aprende mais sobre sua família; de pé no mausoléu dos Lestrange, Credence e o Maledictus testemunham uma revelação.

Neste infeliz show de horrores, Credence vai se apegar a uma jovem mulher que sofre de sua própria mazela mágica. Esta linda garota, interpretada por Claudia Kim, é uma Maledictus. Afligida por uma maldição de sangue, ela está se transformando lentamente, mas sem escapatória, em uma cobra.

"Realmente existe amor entre os dois", diz Miller, "por carregarem em si esses aspectos de si mesmos que os tornam excluídos socialmente. Mas também há uma codependência; já que os dois se sentem presos em ampulhetas com a areia escorrendo."

O destino trágico do
MALEDICTUS

Em meio aos espetáculos sofridos no Circo Arcanus, há um Maledictus. De acordo com os detalhes da criação de J.K., um Maledictus é um humano afligido por uma maldição de sangue, que o condena a se transformar em uma besta (o nome deriva da palavra "malediction" que significa maldição). Na verdade, a maldição é irrevogável — em certo ponto dessa moléstia, eles perdem completamente seu lado humano.

O Maledictus em questão está fadado a se tornar uma cobra, enquanto sua forma humana é interpretada pela atriz sul-coreana Claudia Kim.

Kim nos conta: "O circo é este lugar escuro e terrível onde seres mágicos desajustados foram capturados por esse homem abusivo chamado Skender. O Maledictus é um prisioneiro de Skender. Ela também está fadada a se tornar prisioneira em seu próprio corpo. Mas é neste lugar de desespero que ela encontra o Credence."

Dois estranhos, ambos vítimas de forças mágicas internas, acabam se atraindo um pelo outro.

"Ela guarda esse incrível poder em si", diz Kim, "mas sente que a maldição a domina mais a cada dia. O tempo está passando e tudo o que ela quer fazer é permanecer mulher o máximo que puder e encontrar o amor em Credence."

Sua natureza serpentina pode ser vista no surpreendente vestido que usa como uma segunda pele. Para Kim, era mais que um figurino, era parte do personagem. "Esse vestido me serve como uma luva. Eu fiquei muito impressionada com ele, desde os primeiros esboços até o produto finalizado. O Maledictus vive nele todos os dias — realmente como uma pele, e ela sofre com isso. O vestido captura a beleza e a tragédia dela."

Kim acredita haver uma beleza triste nas escolhas de sua personagem. O Maledictus é capaz de abandonar as próprias vontades para ajudar Credence em sua busca. Mesmo sabendo que sua desgraça é inevitável, que um dia ela ficará para sempre presa no corpo de uma cobra, fugir do circo lhe deu uma liberdade que ela nunca sonhou em ter.

"Os dois têm uma parceria incrível", diz Kim. "Credence desperta a mulher dentro dela, que a torna carinhosa e protetora perto dele."

Quando as primeiras tentativas de Credence de encontrar a mãe acabam se frustrando, ele se agarra à esperança de que Grindelwald saiba a verdade sobre ele. E correr esse risco ameaça separar esses dois párias. Quando se trata de Grindelwald, acrescenta Kim, "o Maledictus sabe por instinto que ele não pode ser bom".

COLLEEN ATWOOD FALA SOBRE O MALEDICTUS

Com o figurino da atriz Claudia Kim, o desafio foi acompanhar a transformação gradual de sua personagem em uma cobra. "Eu a vi como os dançarinos do ritmo Apache, que havia em Paris nos anos vinte", diz Atwood. Também usada como gíria para as gangues do submundo parisiense, essa dança de rua era uma forma teatral de briga que acabou chegando ao Moulin Rouge.

"A dança tem essa vibração destrutiva meio parecida com Tango", explica Atwood, "e me inspirei nesses dançarinos para o vestido dela. Encontrei rendas com padrões semelhantes a pele de cobra. De cor azul meia-noite com uma camada de brilho na renda para dar um pouco mais de destaque."

Considerando que a transformação real em cobra seria responsabilidade do departamento de efeitos visuais, Atwood consultou os artistas digitais antes de tudo. "Eu os mostrei o tecido e o esboço, falei com eles, e eles ficaram muito felizes com isso."

Esse tipo de sinergia é crucial para a equipe. Em todos os figurinos, Atwood precisa saber como funcionará em relação a efeitos visuais e especiais, ou até nas cenas de ação. "Para o vestido do Maledictus, chamamos um contorcionista para testá-lo e ver como ficaria quando esticado e torcido."

Esse personagem extraordinário tem um futuro incerto, do qual até Kim ainda não tem conhecimento. "Eu confio totalmente em J.K. Rowling e David. Ela apenas nos dá essas pequenas dicas. E nós imploramos 'nos conte mais! Nos conte mais!' Mas até agora ela quer manter meu destino um mistério."

Topo: O Maledictus lamenta seu destino incerto. *No meio*: Um momento sombrio para o Maledictus. À esquerda: Arte de um pôster do Circo Arcanus. *Direita*: O Maledictus usando seu lindo vestido azul simulando couro de cobra. À direita: Quadros emoldurados das atrações adornam o set com a tenda do Circo Arcanus.

ANNA PINNOCK - DECORADORA DE SET

Simplificando, a arte do decorador de set é fornecer e posicionar todos os elementos de uma cena, com exceção do ator e do set em si. Se não estiver tudo certo, então é trabalho para a decoração. "Eu organizo tudo que vai aparecer", diz a chefe do departamento, Anna Pinnock, destacando que é uma colaboração entre toda a equipe, envolvendo criadores de adereços, figurinistas, construtores, designers gráficos e escultores.

A maior parte do que Pinnock fornece é chamado de "adereço". Que, no caso do mundo mágico, pode variar de luminárias antigas a tendas para vassouras.

Pinnock foi indicada seis vezes ao Oscar, incluindo por *Animais fantásticos e onde habitam*, e o ganhou com *O grande Hotel Budapeste*. Ela trabalhou em três filmes da franquia James Bond e, antes de voltar ao Mundo Bruxo, trabalhou com Steven Spielberg na aventura digital *Jogador nº 1*. Ela é uma mestra dos cenários.

Pinnock sugere que há certas vantagens em este ser o segundo filme da franquia. O universo está estabelecido. Eles agora estão

Uma variedade fantástica de potes, tigelas e recipientes foi fornecida pela equipe de Pinnock para preencher este detalhado set da loja de caldeirões.

chegando mais perto da estética já característica dos outros grandes sucessos da saga Potter, do mesmo universo.

No primeiro *Animais fantásticos*, ela deliberadamente evitou ficar muito presa aos filmes de Harry Potter, determinada a trazer um novo visual às aventuras de Newt. A sequência, no entanto, ela reconhece, tem "conexões e nuances" com os filmes mais antigos. "Neste filme, fiz o esforço consciente de homenagear os fãs de Harry Potter um pouco mais e de estar mais atenta a este universo. Eu me sinto muito mais parte deste mundo."

Mesmo com toda a familiaridade, o filme faz seus desvios. "Há esta trama no estilo 'quem matou?' muito intrigante, como um suspense", observa. "Os personagens evoluem, se intensificam e mudam." E isso influencia o trabalho de Pinnock, já que os sets são extensões do enredo e dos personagens.

A emoção de trabalhar com J.K. Rowling é que ela parece ter uma imaginação inesgotável. O roteiro traz novos locais para decorar em Nova York, Londres e principalmente em Paris. E se antigos lugares retornam, eles são vistos de ângulos novos e atraentes. Veremos Hogwarts muito antes de Harry Potter chegar, e aqui, a sala de Defesa Contra as Artes das Trevas de Dumbledore é decorada para refletir seus interesses. A parafernália polida de astronomia e o desafio de

A ASCENSÃO das TREVAS

GELLERT GRINDELWALD

Você deve se lembrar do final dramático do primeiro filme, quando o maligno Auror Percival Graves, interpretado por Colin Farrell, foi desmascarado, revelando ser ninguém menos que Gellert Grindelwald, o bruxo mais perigoso da época. Além disso, o vilão era igual ao Johnny Depp.

"O trunfo de uma escalação é buscar os melhores atores que você puder ter", diz o diretor David Yates, "e Johnny Depp, de fato, criou dois ou três dos personagens mais emblemáticos da cultura pop".

De fato, é isso que é tão animador sobre a escalação de Depp. Ele é famoso por heróis peculiares como Edward Mãos de Tesoura, Willy Wonka e o Capitão Jack Sparrow, e sua interpretação ameaçadora de um mafioso em *Black mass: Jogo sujo* realmente revelou sua capacidade de estar na pele de um absoluto canalha.

O que Grindelwald tem de atraente, ele tem de desprezível.

"É o carisma dele", diz William Nadylam (Yusuf Kama). "O personagem é fascinante porque é interpretado por Johnny Depp. Ele é muito sexy, sabe? E realmente parece um vencedor."

Grindelwald não é um vilão com cara de monstro, envolto numa aura maligna e com pele de cadáver, como Voldemort. Muito persuasivo, este vilão parece uma estrela do rock. Com Depp, Grindelwald testará até mesmo a resistência do público.

"Este filme fala da ascensão de um autocrata, ou um homem que será um autocrata se tiver a chance", explica J.K. Rowling. "Ele é um personagem muito sedutor e esperamos que as pessoas entendam por que mesmo personagens de bom coração caem em seu discurso quando ele começa a ganhar poder."

Zoë Kravitz diz: "A ideia é de um vilão tão carismático e inteligente que você quer acreditar nele. Há algo muito sedutor em alguém que é confiante e pode convencer uma plateia, e Johnny certamente pode fazer isso."

Sua participação no primeiro filme foi mantida em segredo até mesmo para Eddie Redmayne, que ficou chocado ao ver o astro chegar ao set de cabelo platinado e bigode igual, com um olho azul-pálido e outro muito preto. No segundo filme, Grindelwald se veste como um alemão muito elegante: parte soldado, parte pirata e parte dândi, com um longo sobretudo preto, um colete de seda, lenço preto e um par de botas de caça de cano alto.

"Ele é um vilão muito sofisticado, de forma que seu objetivo, na verdade, é conquistar corações e mentes", diz Yates. "Ele quer convencer as pessoas de que seu caminho é o certo. Voldemort andava por aí matando pessoas sem critério e impondo às pessoas a sua filosofia. Então você meio que sabia quem era o cara mau. Era bastante óbvio."

Grindelwald está indo fundo em seu objetivo de ter o poder do Obscurus de Credence ao seu lado, e agora veio a Paris para seguir com seus planos para

o mundo. "Ele está tentando arquitetar planos para divulgar sua causa", diz o produtor David Heyman, "que basicamente é pelo bem maior — o que ele vê como o bem maior: o Mundo Bruxo não ter mais que viver em segredo, e emergir como a força dominante do mundo."

Grindelwald é obcecado pela ideia de ver a magia ascender e ocupar seu lugar de direito no mundo. Aqueles que ele vê como livres da sujeira de ter sangue não-bruxo. E pior, ele quer não apenas dominar os trouxas, mas também erradicá-los da terra.

O que faz dele uma ameaça real para aqueles que acreditam em amor, compreensão e curiosidade. Yates diz: "Grindelwald é um daqueles que querem nos aniquilar e para isso finge ser um de nós. Ele finge ter empatia, e isso o torna o vilão mais perigoso de todos os tempos."

Seu poder pode um dia ser superado por Tom Riddle — também conhecido como Voldemort —, mas a filosofia de Grindelwald é potencialmente mais abrangente, à medida que ele fomenta a revolução e agora está mostrando as caras. "Ele é um orador convincente", explica o diretor, "e seu jogo é mais longo, mais esperto e mais perigoso do que planos mais óbvios."

"E sua filosofia é cem por cento convincente", diz Redmayne, apontando o maior perigo de Grindelwald.

É a força dessa obsessão que o torna tão perigoso. Tudo o que sabemos com certeza é que sua tia-avó é a historiadora bruxa Batilda Bagshot.

Grindelwald é um nome já conhecido dos fãs de Harry Potter. Ele teve uma participação em *Harry Potter e as Relíquias da Morte - Parte 1.* Aprisionado, Grindelwald já é um homem velho, murcho e possivelmente louco (na pele do ator Michael Byrne). Aprendemos que, depois de ser expulso do Instituto Durmstrang, ele desenvolveu uma amizade íntima com um jovem Dumbledore (em flashbacks, o adolescente Grindelwald foi interpretado por Jamie

Acima: Grindelwald tenta persuadir Queenie. *Na outra página, no sentido horário, a partir do canto superior esquerdo*: Grindelwald inspeciona seu novo lar; Depp e Colleen Atwood trabalharam juntos para criar o estilo de Grindelwald; Grindelwald abre sua mão para Leta Lestrange.

Campbell Bower). Jovens idealistas, eles procuraram libertar os bruxos dos grilhões do Estatuto Internacional de Sigilo em Magia.

"A história gira em torno da relação entre Dumbledore e Grindelwald", diz Yates. "É uma relação complicada entre esses dois homens que se conheceram quando eram jovens, e se inspiraram e encorajaram um ao outro, e depois desmoronaram."

"Essencialmente", diz Heyman, "esses filmes estão levando a um confronto entre aqueles que lutam pela liberdade e aqueles que lutam por uma visão fascista e fundamentalista do mundo, como defende Grindelwald."

COLLEEN ATWOOD FALA SOBRE GRINDELWALD

Atwood, claro, vestiu Johnny Depp em muitas ocasiões. "Nós nos conhecemos desde *Edward Mãos de Tesoura*", ela ri, "e fizemos muitos personagens estranhos juntos."

Grindelwald se veste meio como uma estrela do rock meio como um ditador. Alguém com verdadeiro carisma, capaz de ser sedutor, mesmo que seja totalmente perverso. "Ouvimos algumas músicas do Marilyn Manson e falamos sobre as origens germânicas de Grindelwald para dar o tom", lembra ela. "E Johnny explorou algumas das modas dos anos trinta, e então montamos seu visual. Muito preto e branco para acompanhar o cabelo loiro platinado, mas com elementos verde-escuros."

No entanto, quando somos apresentados ao bruxo, ele está em suas vestes bege e marrom da prisão, feitas com um tecido inspirado nas roupas de bombeiros japoneses. "Johnny queria estar todo esfarrapado", ela ri. "Então começamos a trabalhar com esses fios minúsculos e finos que parecem envelhecidos e emaranhados."

O ESCONDERIJO DE GRINDELWALD

O APARTAMENTO EM PARIS

Chegando em Paris, Grindelwald e seus acólitos sinistros ocupam uma residência em uma parte abastada da cidade. O exterior deste apartamento foi inserido no grande set feito para retratar Paris, entre as fachadas elegantes e amplas avenidas da cidade idealizada por Haussmann.

"O apartamento de Grindelwald é um desses lugares grandiosos próximos da Ópera Nacional de Paris", diz Craig. "Tiramos muitas fotos daqueles prédios. Até registramos uma porta e uma escada na Place des Vosges — um pouco do local, para que pudéssemos replicar."

No primeiro andar encontra-se uma grande residência, que eles decoraram com um lindo tecido de seda comprado em Paris. "Não há nada equivalente feito na Inglaterra", diz Craig. O apartamento também tem uma grande sala de estar com lareira em ambas as extremidades.

"Foi divertido decorar o lar de uma família francesa feliz e comum do século XIX que realmente não conhecíamos", diz a decoradora Anna Pinnock. "Mas também um desafio para tornar partes do local assustadoras e arrepiantes o suficiente para ser um pano de fundo apropriado para Grindelwald."

Outro grande desafio a grandiosa revelação das bandeiras de Grindelwald, que carregam a marca art déco do bruxo.

Grindelwald é visto pela janela da carruagem.

OS ARTEFATOS MALIGNOS DE GRINDELWALD

O FRASCO

Em volta do pescoço de Grindelwald está pendurado um frasco numa corrente, dentro do qual brilha uma essência.

"O frasco também teve muitas etapas de desenvolvimento", diz Bohanna. "Na verdade, há um paralelo. Um antigo fio de vidro, como uma agulha, passa no meio do frasco. É uma peça linda. É incrível — podemos dedicar a mesma quantidade de tempo e esforço a algo desse tamanho como a um telescópio gigante.

A VARINHA DAS VARINHAS

Grindelwald também possui a Varinha das Varinhas, recuperada em sua fuga aérea do MACUSA. Uma das lendárias Relíquias da Morte, a mais poderosa das varinhas tem pelo de Testrálio em seu cerne. Mas para o pessoal do departamento de adereços essa parte foi muito fácil.

"Fizemos uma para os filmes de Harry Potter", diz Bohanna, "e era realmente uma linda varinha. Então só tiramos o pó dela e a usamos de novo."

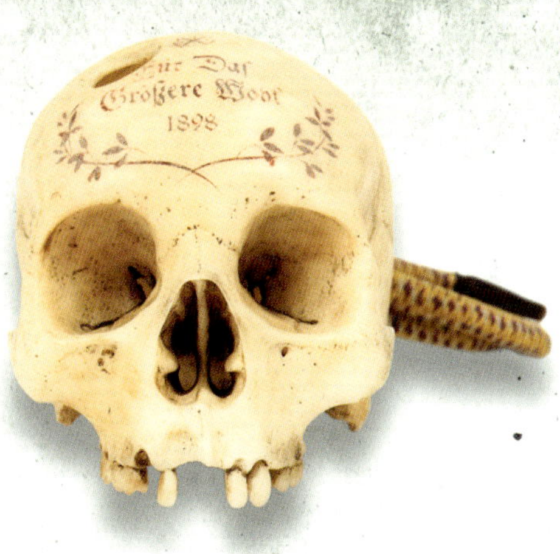

O CRÂNIO

Juntamente com seu glamour obscuro e cabelo loiro platinado, Grindelwald revela uma coleção de objetos mágicos para ajudar em suas terríveis conspirações. Um recipiente ósseo, um frasco e uma varinha lendária: cada um desses objetos exigiu as mais refinadas Artes das Trevas do departamento de criação de adereços.

"Foram muitas etapas de desenvolvimento", diz o criador de adereços Pierre Bohanna. "Eles sempre quiseram um crânio, consideraram o crânio de um animal, e depois um feito de cristal em vez de osso."

Foi só depois que o artista conceitual Rob Bliss entrou no trabalho que David Yates ficou satisfeito com o pequeno crânio um pouco amarelado com dentes brilhantes. O receptáculo macabro tem um tubo com vapores mágicos que também escorrem pelos olhos e pela boca, e um buraco visível no topo.

"É um adereço contextualizado no filme", diz Bohanna. "Ele é bem macabro, mas é bastante importante para que eles consigam contar a história que desejam."

Bliss se especializou no que ele chama de "um monte coisas insanas e medonhas" em Harry Potter. Depois de um excelente trabalho com Testrálios, Comensais da Morte e Dementadores, ele brinca que acabou sendo a referência para coisas macabras: "Virou algo como 'olha, isso é assustador, dê para o Rob'."

Inicialmente, ele só foi encarregado de refinar conceitos pré-existentes para o crânio. "O que eles disseram foi 'Já temos um design, então não mude.'", diz ele. "Então eu entrei e mudei."

Ele pensou na forma como as pessoas decoravam os crânios dos anciãos e santos da igreja na Áustria e na Alemanha da Idade Média. "Como forma de celebrar as pessoas, todos esses adoráveis crânios eram pintados com o nome do dono e ornados com rosas e belas letras góticas antigas."

Mesmo menos decorativo, ele deu ao crânio a aparência de uma relíquia sagrada que foi preservada e polida.

Então Rowling apareceu no departamento de arte. "Eu estava trabalhando nesse design de crânio e obviamente me metendo em muitos problemas por ter mudado o design, e para meu alívio ela disse que era exatamente o que estava dentro da cabeça dela quando tinha dezesseis anos e visitou um ossuário na Áustria. Era como se eu tivesse telepaticamente voltado no tempo e projetado de dentro de sua mente."

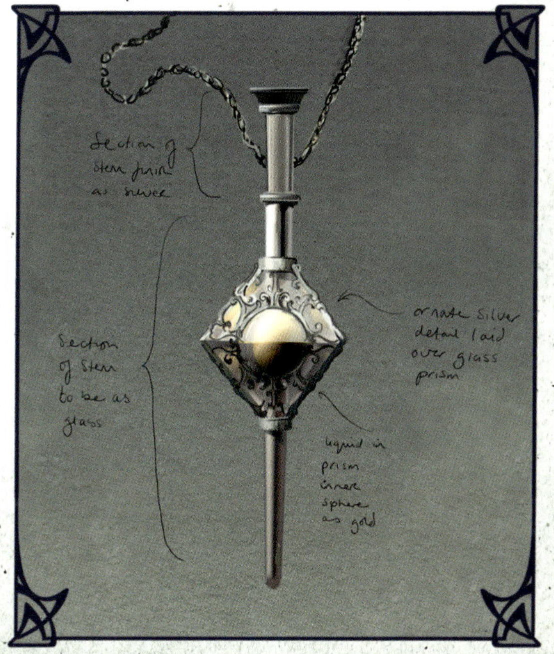

Imagem principal: Adereço de crânio, iluminado por dentro para demonstrar o brilho mágico que será visto no filme. *Na página, da esquerda para a direita*: A Varinha das Varinhas; o sinistro cachimbo de caveira, adornado com a assinatura de Grindelwald, "Pelo Bem Maior", escrita em alemão; projeto do frasco de Grindelwald, por Molly Sole.

OS ACÓLITOS DE GRINDELWALD

Devotos a seu mestre, um grupo de sete acólitos servirá Grindelwald em Paris. Eles se chamam Abernathy (o traidor de MACUSA), Nagel, Krall, Carrow, Krafft, MacDuff e Rosier, e são o equivalente dos terríveis Comensais da Morte de Voldemort nos filmes de Harry Potter.

"Eu diria que somos revolucionários", declara Claudius Peters, que interpreta o carrancudo Nagel. "Eles querem tornar o mundo um lugar melhor, do ponto de vista deles, e se juntam ao círculo de Grindelwald para alcançar isso."

"Eles são discípulos", concorda Andrew Turner, que interpreta MacDuff, "mas com um propósito".

Não há uma devoção cega, mas uma crença política.

O diretor David Yates queria que todos os Acólitos de Grindelwald fossem indivíduos bastante distintos. "Para evitar esse tipo de sensação homogeneizada malvados pálidos", diz Kevin Guthrie, que interpreta Abernathy. "Todos nós temos que trazer nossa própria compreensão e crença do que Grindelwald significa para nossa sociedade. Há um paralelo real com o que pode ou não estar acontecendo no mundo hoje."

A ameaçadora Rosier, interpretada por Poppy Corby-Tuech, é particularmente importante para se ter uma ideia mais ampla da sociedade bruxa. Descendentes dela estarão entre aqueles Comensais da Morte ao lado de Voldemort. Não é surpreendente que Rosier tenha se destacado para Grindelwald.

Na outra página: Grindelwald e sua acólita, Vinda Rosier, de uma família puro-sangue. *Na página:* varinhas pertencentes a *(da esquerda para a direita)* Abernathy, Rosier e Krall. *Acima, da esquerda para a direita:* Krall (David Sakurai) no esconderijo de Grindelwald; o traidor Abernathy (Kevin Guthrie) e Rosier.

"Sou a rainha de Grindelwald", declara Corby--Tuech.

Mesmo que cada acólito tenha sua identidade, ainda há regras de indumentária. Qualquer coisa em tons escuros e suaves de verde, com uma pitada de vermelho aqui e ali. "Roupas realmente elegantes dos anos 1920", diz Peters.

"Eu realmente queria que eles parecessem gente de verdade", explica a figurinista Colleen Atwood. "O elenco foi ótimo, porque cada um tinha um visual: um cara era mais militar, outro era mais um bandido e outro era mais misterioso. Para as duas garotas, Rosier e Carrow, trabalhei com uma espécie de sentimento masoquista. Elas estavam totalmente seduzidas por Grindelwald."

As vestes de Rosier, em particular, são uma variação bruxa muito boa da alta-costura. "Ah, isso foi ótimo", diz Atwood. "Eu tinha essas fotos de chapéus de diferentes períodos que eu gostava e me sentei com uma modeladora de chapéus e disse: 'Você pode dar a isto um ar bem astuto?'"

Seu chapéu é uma fusão milagrosa da moda dos anos vinte e do famoso chapéu pontudo de bruxa.

"Ficou ótimo nela, já que ela é uma garota muito bonita", diz Atwood. "Já para o chapéu de Carrow, usei como ponto de partida o chapéu de Carmen Ejogo como Serafina Picquery no primeiro filme."

Os atores e atrizes se sentem muito animados em interpretar bruxos e bruxas. No dia em que receberam suas varinhas, eram como crianças em uma confeitaria. Todas as suas varinhas têm um design único e cada ator desenvolveu seu próprio estilo de seleção.

"Meu estilo é bem descolado", diz Peters, "como se eu a estivesse empunhando sem qualquer esforço".

"Meu estilo é meio agressivo", acrescenta Turner.

"Muitos de nós crescemos lendo os livros de Harry Potter e depois assistindo aos filmes, então essa foi uma experiência surreal", diz Corby-Tuech. "Pisar no set e ver personagens como Dumbledore e Nicolau Flamel, isso é muito emocionante para um Potterhead."

O fascinante em Grindelwald é que este bruxo das trevas precisa de pouco esforço para conseguir o que quer.

"Ele manipula e brinca com as pessoas com esse jeito realmente encantador e aterrorizante que tem", diz Corby-Tuech. "Mas isso realmente faz você entender por que tantas pessoas seguem Grindelwald."

CRIANDO O COMÍCIO DE GRINDELWALD

O grand finale desse segundo filme sombrio é apropriadamente épico. Em uma sequência trabalhada com afinco pela produção, cheia de ação e efeitos mágicos, Grindelwald tenta atrair os bruxos de Paris para sua causa em um anfiteatro vasto e antigo, que se encontra sob o mausoléu da família Lestrange, dentro do cemitério Père Lachaise.

Aqui, Grindelwald terá seu momento de performar para uma multidão, discursando, suplicando, seduzindo-os. Ele só deseja que a comunidade bruxa saia do esconderijo e tome seu lugar de direito.

Aqui, todos os personagens principais e as muitas ramificações da história finalmente se encontrarão: Newt, Tina, Queenie, Jacob, Kama, Theseus, Leta, Credence e o Maledictus.

O CEMITÉRIO

A equipe de arte fez uma viagem ao verdadeiro Père Lachaise, no leste de Paris. O cemitério repleto de árvores tem quarenta e quatro hectares de extensão e abriga os túmulos de pessoas célebres como Oscar Wilde, Frédéric Chopin e Jim Morrison. Eles puderam ver imediatamente por que J. K. Rowling gostou do lugar. Além das lápides, ele é cheio de estátuas, túmulos e mausoléus em seus caminhos sinuosos.

"O cemitério fica no topo de uma colina e tem essa estrutura cheia de curvas, e é como se houvesse um anfiteatro de túmulos ao seu redor", explica o diretor de arte Martin Foley. "Sabíamos que haveria algum tipo de ponto de encontro, no filme. Há muitas referências ao subsolo nas cenas, porque o Mundo Bruxo ainda está escondido, debaixo da terra. Então é um lugar apropriado."

O final: o comício de Grindelwald no anfiteatro subterrâneo.

A superfície do cemitério real sugeria o que, no mundo deles, ficaria abaixo do solo — um anfiteatro.

"Grindelwald está tentando fazer os bruxos de Paris emergirem do chão", diz Foley. "Então sentimos que era um bom lugar para se colocar esse anfiteatro."

Sobre a precisa localização do mausoléu dos Lestrange, Craig queria injetar um estilo específico do Cemitério Highgate, mais gótico e cheio de mato, no norte de Londres. Ele pesquisou que o Père Lachaise tinha originalmente sido baseado neste antigo cemitério londrino. Na verdade, Craig já tinha uma parte específica do Highgate em mente. "Eu usei o Highgate antes em outro filme e percebi que há uma seção na parte mais antiga do cemitério que é muito interessante."

Ele se lembrava de haver uma espécie de desfiladeiro circular, com portais para túmulos que conduziam a este terminal afundado. "É algo que é tão esplêndido em seu design que eu gostaria de poder dizer que projetei", ele ri. "Nós realmente filmamos lá, sendo um dos poucos locais físicos em que filmamos (os outros são Lacock Abbey e ruas adequadas de Londres)."

"Tivemos que adicionar algumas lápides falsas para se adequarem às reais", lembra o designer gráfico Eduardo Lima. "Com nomes de bruxos fictícios."

"Foi muito assustador estar em um cemitério real com a equipe, e à noite", diz Foley. Aquela era exatamente a atmosfera que procuravam, até que o tempo piorou. Rob Bliss lembra de aparecer para mostrar a David Yates alguns desenhos de criaturas (encontrar um momento com o diretor era um desafio logístico em si), e estava tão

escuro e chuvoso que eles tiveram que se amontoar sob um toldo enquanto seguravam a lanterna do celular para ver as ilustrações.

Com mais dois dias de filmagens ainda necessários, boa parte deles envolvendo uma complicada perseguição pelas tumbas, eles decidiram se reagrupar nos estúdios de Leavesden, e reconstruir um pedaço de Highgate como cenário.

Craig diz: "Então, em tomadas com efeitos visuais, esses três elementos — os profundos planos de fundo de Père Lachaise, Highgate como primeiro plano e um pouco de Highgate criado em estúdio — se juntarão em um grande cemitério."

O MAUSOLÉU

O mausoléu da família Lestrange é mais alto do que qualquer outro no cemitério, e foi decorado com um conjunto elaborado de formas e esculturas. "Os caixões dos Lestrange falecidos estão nas gavetas", explica Craig. "Mas, indo mais fundo, descendo alguns degraus, você entra no anfiteatro."

"Há vários níveis até chegar lá", diz Foley. "Como cofres e diferentes tipos de túmulos, antes da grande revelação do anfiteatro."

Originalmente, havia uma escultura no centro do anfiteatro, uma grande torre coberta de anjos esculpidos. Mas como eles estavam bloqueando o discurso de Grindelwald, Yates percebeu que preferia que o personagem tivesse o centro do palco só para si, sem precisar andar ao redor do pilar. Em vez de perderem esse generoso ornamento, ele foi deslocado para o mausoléu, onde os anjos representavam os ancestrais de Leta, e corvos de pedra em tamanho real empoleiravam-se no topo — os corvos são o símbolo da família Lestrange.

Todas as esculturas são feitas à mão em argila (para closes) ou poliestireno (quando aparecem no fundo), usando desenhos do departamento de arte, que são digitalizados (para os efeitos visuais) e moldados para que a equipe de construção possa facilmente reproduzi-los.

"Dave Hodge, que lidera o time de criação de esculturas, Deus o abençoe, está sempre no auge de sua sagacidade", diz o gerente de construção Paul

Da esquerda para a direita: Este set cuidadosamente construído recria o cemitério de Highgate; Grindelwald faz seu discurso; Rosier parece tranquila antes do comício de Grindelwald; Kama se espanta com o tamanho do mausoléu.

Hayes. "Nós nunca lhe damos tempo suficiente. Sua equipe se expandiu para dezesseis nesta sequência. Havia muitas variações de sarcófagos."

O ANFITEATRO

O local do discurso de Grindelwald tinha que ter o que Craig chama de uma "qualidade monumental". "É como um anfiteatro romano clássico com um teto abobadado, que não foi construído fisicamente", diz ele. "Nós enchemos o maior palco de Leavesden com este set, o lotamos completamente."

Juntamente com o Ministério da Magia Francês, esta vasta arena de pedra é outro exemplo da fé que Yates e seus cineastas têm na construção de belos cenários gigantes, que vão até os limites do palco. O temor nos rostos dos atores não precisa ser falsificado.

"Stuart não faz nada pela metade", ri Foley, "então quando você quer um anfiteatro, você ganha um anfiteatro completo com capacidade para quatro mil pessoas. Temos enormes corvos Lestrange no set. Eles têm uns três metros de altura e seguram o teto com as asas."

Trabalhando com um modelo conceitual em 3D, os efeitos visuais ampliaram o cenário, adicionando uma das características recorrentes no filme, de teto em abóbada, apoiado por aquele círculo de corvos de pedra. Neste caso, eles se inspiraram no Panteão de Roma — um enorme templo circular que possui o maior domo não reforçado do mundo, atingindo mais de quarenta e três metros em seu zênite.

Na outra página, no sentido horário a partir da esquerda: Newt parado enquanto o público aclama Grindelwald; arte conceitual por Peter Popken, retratando Paris sendo sufocada pelas faixas pretas de Grindelwald; Vinda Rosier apresenta Grindelwald com seu cachimbo-caveira mágico.
Esquerda: tomada aérea revela o enorme set construído para encenar o comício de Grindelwald; *(na página)* o modelo de cartão branco montado pela equipe de Craig que os criadores de set usavam para planejar os efeitos visuais.
No verso: Arte conceitual por Peter Popken sobre o resultado do comício de Grindelwald.

Durante a pesquisa, Craig encontrou uma série de pinturas e ilustrações de cemitérios franceses em ruínas que retratavam o que estava acima e abaixo do solo ao mesmo tempo. "Eles meio que quebram as catacumbas, que ficam abertas para o céu", explica o artista conceitual Dermot Power, "como se para mostrar onde estão".

Yates estava tão encantado com a grandeza deles que queria o mesmo efeito para o anfiteatro. "Mas isso não fazia sentido", observa Power, "porque isso significa que ficariam expostos ao ambiente".

Então usaram essa inspiração para fazer o teto desmoronado em um só ponto. Power criou o visual de um buraco que revelava quase quatro metros de concreto, depois terra e depois as árvores acima. "Então, temos luz fluindo de certa forma", diz ele, "tudo muito romântico".

O motivo para uma câmara desse tamanho ter sido construída sob o cemitério, só poderia ter sido alguma loucura bruxa, mas o tema superou a explicação. "É um antigo ponto de encontro para a comunidade bruxa", supõe Craig. "O tamanho dele é inexplicável, mas há uma mudança no filme para temas mais sombrios e essa cena vai retratar uma batalha importante contra Grindelwald. Você tem que sentir que isso é um problema mundial. Isso tinha que ter ressonância."

Comparado a Nova York no primeiro filme, este é um reduto histórico. Bem no centro está o estrado circular de pedra no qual Grindelwald faz suas súplicas à multidão, cercado por lajes de pedra para as fileiras de assentos em que algumas figuras foram esculpidas.

Mas os eixos de cada ator eram complexos para mapear. Cada ator principal estava presente em diferentes partes da arena, bem como no meio de uma multidão de figurantes, todos focados em Depp no centro. Entre eles estão muitos dos artistas de cenário em equipamentos completos.

Foley ri: "Nosso trabalho é construir isso, e fizemos um set enorme, mas agora é trabalho deles preenchê-lo com os atores e depois descobrir como filmar. É algo do tipo 'fizemos a nossa parte. Boa sorte!'"

HarperCollins*Publishers*
1 London Bridge Street,
London SE1 9GF

www.harpercollins.co.uk

Primeira publicação na Grã-bretanha, por HarperCollins*Publishers*, 2018

Copyright © 2018 Warner Bros. Entertainment Inc. FANTASTIC BEASTS: THE CRIMES OF GRINDELWALD characters, names and related indicia are © & ™ Warner Bros. Entertainment Inc. WB SHIELD: © & TM WBEI. WIZARDING WORLD trademark and logo © & ™ Warner Bros. Entertainment Inc. Publishing Rights © JKR. (s18)

Texto de Ian Nathan

Editor: Chris Smith
Design de capa: Simeon Greenaway
Design de miolo: Simeon Greenaway
Gerente de produção: Niccolò De Bianchi

EQUIPE HARPERCOLLINS BRASIL
Editora: Alice Mello
Tradução: Daniel Austie
Adaptação e diagramação de projeto gráfico: Renata Vidal

HarperCollins gostaria de agradecer a Victoria Selover, Emma Whittard, Mickey Stern, Jill Benscoter, Katie MacKay, Katie Khan & Melanie Swartz.

ISBN 978 85 9508 334 9

Impresso na Espanha

Todos os direitos reservados. Nenhuma parte dessa publicação deve ser reproduzida ou armazenada ou transmitida de nenhuma forma e em nenhum meio eletrônico, mecânico, fotográfico ou de reprodução, ou sem a permissão por escrito da editora.

CIP-BRASIL. CATALOGAÇÃO NA PUBLICAÇÃO
SINDICATO NACIONAL DOS EDITORES DE LIVROS, RJ

B437a
Nathan, Ian
Luzes, câmera, magia: os bastidores de Animais fantásticos e os crimes de Grindelwald / Ian Nathan ; tradução Daniel Austie. - 1. ed. - Rio de Janeiro : Harper Collins, 2018.
160 p. : il.

Tradução de: Lights, Camera, Magic!
ISBN 9788595083349

1. Ficção infantojuvenil americana. I. Austie, Daniel. II. Título.

18-50844 CDD: 028.5
CDU: 087.5

Meri Gleice Rodrigues de Souza - Bibliotecária CRB-7/6439
28/06/2018 12/07/2018